なぜこのメソッドが未熟な社員を短期間で名プレーヤーに変えられたのか？

黒須靖史

カナリアコミュニケーションズ

Contents

第5章・このコミュニケーションテクニックで10倍育つ　97

第6章・学ぶ意欲を持たせる方法　125

はじめに

この本を手に取っていただいたこと、本当にありがとうございます。

僕はコンサルタントとして、いろいろな会社のお手伝いをさせていただいています。なかでも、「どうやって組織のパフォーマンスを上げるか」はとても重要なテーマです。その1つとして、ＯＪＴの効果的な推進をサポートさせていただくことがたくさんあります。その仕事をやっていていつも思うのは「ＯＪＴのやり方次第でチームや会社の状態がゼンゼン違う」ということと、「いいトレーナーに育ててもらったトレーニー（指導対象者）は、幸せそうな顔をしている」ということです。いずれにしても、ＯＪＴがうまくいくことでハッピーになる人がたくさんいる、そんなふうに感じています。

だから、ＯＪＴがうまくいくやり方を、もっともっと多くの方に伝えたい。少しでもたくさんの人や会社がハッピーな状態になって欲しい。そういう気持ちでこの本を書きました。だから、あなたがこの本に興味を持ってくださったことが、とても嬉しいのです。

❶ こんな方々に役立つ本です

この本はこんな方々にピッタリだと思います。

・自分もまだまだ勉強中なのに、新入社員の教育を任されてしまった20代の方

・「君のノウハウをシッカリ伝えてやってくれよ」と上司に言われ、後輩の指導をすることになった30代の方

・管理職になって部下ができたものの、さてどう指導したものか、と悩んでいる40代の方

もちろんこれ以外のパターンもあるでしょうが、いずれにしても「人を育てる」という役割を担った方に必ず役に立つはずです。

❷ この本が、そういう方々にどう役立つのか?

そのような方が、ＯＪＴにおいて迷ったり悩んだりすることを少しでも減らして、少しでも効果的にＯＪＴが実施できることを考えて、この本は、主に次の2つの切り口でさまざまな内容を盛り込みました。

（1）ＯＪＴは、具体的に何をすればいいのか
（2）どうやると、トレーニーがスムーズに育ってくれるのか
あなたがこの2つを知ることで、トレーナーとしてあなたが何をやるべきなのかがスッキリすると共に、トレーニーもグングン伸びていくはずです。

❸この本を読んで実践するとどうなるのか？

この本に書いてあることは、ただの理屈ではありません。僕がＯＪＴのお手伝いをしている現場で、実際に使っているテクニックばかりです。

ＯＪＴを進めていく上で大事なのは、あなたがすでに知っていることも、初めて知ったことも「整理された道具として使いこなしていく」ということなのです。「整理されている」とは、目的、適切な使い方、期待される効果、注意点などがちゃんとわかっているということです。

中にはあなたの上司や同僚、他チームのリーダーなどにも知っておいてもらったほうがよいこともたくさんあります。この本を使って、あなたのノウハウを整理して使いこなし、会社の人たちと共有していただければと思います。

ただ、この本に書いてあるテクニックを使わなくても、しっかり成長してくれる「ラクチンなトレーニー」も確かに存在します。もし、あなたのトレーニーがそんな「ラクチンな人」だったら、あなたはラッキーです。宝くじに当たるぐらいの確率とはいいませんが、朝の超満員の通勤電車で座ることができたぐらいのラッキーさではあります（そういうことが一年のうち何回ありますか？）。

でも、別の見方をすると、あなたはアンラッキー。なぜなら「人を育てあげる」「一人前にする」ということを通じて「自分自身（あなた）が成長する」という機会を逸してしまうからです。だからトレーニーが厄介なほどあなたはラッキーです。この本に書いてあることをいろいろと実践してみて、ぜひあなた自身の成長につなげていただきたいと思っています。

さあ、トレーナーとしての心の準備はできたでしょうか。僕があなたにゆっくり話しかけていると思って、あせらずに読み進めてくださいね。では、はじめましょう！

〈注釈〉●ＯＪＴとは「オン・ザ・ジョブトレーニング」のことで、企業内で行われる教育訓練手法のひとつです。
●本書では、ＯＪＴの指導担当者を「トレーナー」、ＯＪＴを受ける方を「トレーニー」としてあります。

第1章

こんな問題がこのメソッドで解決する

◎離職率の高い現状を変えたい

「新卒は入社3年で3割が辞める」というデータがあります。

社員の定着率というのは、企業の良し悪しを見る面で大きなウェイトを占めるポイントでもあり、体外的な評価にもつながるので人事部門や経営者としては気になるところでしょう。

しかし、対外的なことよりも、「定着率が悪いと、組織の効率が悪くなる」ということのほうが重要な問題です。具体的に見てみましょう。

人事部門では次のような問題が起こります。

・退職や入社に伴う各種手続き業務が発生する。
・採用に関する作業（募集、面接など）と費用が発生する。
・定着率が低いと、優れた人材の応募が少なくなる。
・応募者の質が年々低下し、欲しい人材を採用するためのコストや努力が多大になる。

それぞれの部署では次のような問題が起こります。

・新卒の場合、教育にかけた労力や人件費などがすべて水の泡になり、また、予定していた　収益が得られなくなる。
・新たに補充された人員への教育が再度必要となり、教える側のパフォーマンス低下や業務負荷が高まる。それによってモチベーションの低下や顧客からのクレームも発生しやすくなる。
・退職者が出ると、引継ぎ作業が発生し、退職する人も引き継ぐ人もその期間のパフォーマンスが落ちる、あるいは業務負荷が高くなる。
・退職者が有していたノウハウや人脈が失われてしまう可能性が高い。
・前述のような事柄の積み重ねで、部署の目標（売上、生産、効率、コストなど）の達成が難しくなる。

少なくとも「新卒が入ってすぐに辞めてしまう」という事態はできるだけ避けたいもの

です。それを防ぐ取り組みとしては、大きく次の2つの方法があります。
（1）採用時のマッチング精度（業務内容、待遇、社風など）を高め、ミスマッチによる退職を防ぐ。
（2）入社後のサポートを充実させ、職務能力の早期習得と就業意欲低下を防止し退職を防ぐ。

このうち、現場でできるのは（2）の方ですね。その中でも、入社直後の教育期間が重要で、その時期にいい形で仕事を覚え職場に馴染むと、その後の定着率はグッと高まります。

そこで注目すべきはOJTです。OJTは仕事に必要な技能を身につけさせるだけでなく、企業風土や組織文化なども教えることができます。また、特定のトレーナーがつくことで、トレーニーが放置されることがなくなるので、トレーニーのモチベーションが下がったり何かしらの心理的トラブルの発生を防ぎやすくなるのです。

つまり、OJTがいい形で進めば、定着率が高くなるだけでなく、
・早期に新入社員が戦力化する。
・退職や入社に関連して発生する作業が低減できる、また作業が発生する時期を予測でき

る（新卒入社時など）ので計画的に業務をコントロールできる。

というようなメリットも生まれてくるのです。

◎キャリアアップに意欲を示してくれない！

キャリアアップに意欲を示さない人が増えています。１つの原因は「ゆとり教育の悪影響」であると考えられますが、どうやらそれだけはないようです。

というのも、入社10年以上経過する、ゆとり世代の前の世代もそうだからです。

「キャリアアップしても仕事や責任が増えるだけで、それに見合う報酬やステータスを得られない。また、この経済状況で、どんなにがんばったって、たかが知れてるし、本当に昇り詰められる人はホンの一握りであることもわかっている。であれば、プライベートを犠牲にしたり今の仕事のペースを崩してまでキャリアアップしたいとは思わない」

ということなのです。たしかにうなずける部分はあります。

しかし、会社の中がそういう人だらけになってしまっては会社の成長が止まってしまいますし、特に入社したての若い世代がそういう人ばかりでは、この先市場で生き残れる力がドンドン失われてしまいます。逆に観れば、意欲の高い若手が多ければ、それだけで市場優位性がもたらされる可能性が高くなるわけです。

そこで重要になってくるのが、新入社員や若手の「キャリアアップ意欲の芽」を育てることです。そのためには、いきなりキャリアアップ志向にさせようとしないところがミソです。「キャリアアップしたい」とか「もっと仕事ができるようになりたい」という気持ちになるのは報酬や地位などの褒章的なものだけではなく、仕事における達成感や満足感、そして「自分もソコソコできるんだ感」がその土台になります。

入社した初期の段階でそのよう前向きな気持ちになれるようにするのが、「芽を育てる」ということになるわけです。

ＯＪＴはトレーニーに対してトレーナーが非常に大きな影響力を持つ育成方法です。会社の状況や仕組み的に期待が持てないとしても、トレーナーの関わり方次第で、トレーニーの気持ちを前向きにすることができ、キャリアアップの芽も育つのです。

◎短期間で安く育てたい！

景気の良し悪しに関係なく、人材市場にはこのような法則が存在します。

「本当に欲しい人材は、間違いなく『売り手市場』」

会社の規模や業種に関わらず、まさにその通りだと思います。

新卒も中途も、募集をかければたくさんの応募がきます。でも、会社が欲しいような人材、マラソンレースで言えば「先頭グループ」の人材はホンのひと握り。仮に先頭グループからの応募があったとしても、その人たちは引く手あまたなので条件が合わなければ入社してくれる可能性はグッと低くなります。そうはいっても、人手が必要なので「ある程度妥協して」あるいは「望みをかけて」第2グループの人材を採用します。

第2グループですから、何もしなくても勝手に学んで勝手に仕事ができるようになって、というのを期待してはいけません。シッカリと教育に時間とお金をかけなければならないのです。

しかし、十分な時間もお金もかけられないのが今のビジネス環境であり、結果的に、「雇ったはいいが、戦力化できない」という状態になってしまう可能性を抱えています。

そうすると、会社としては「人件費」という莫大な固定費をいつまでも回収できないことになり、収益性が悪くなることは必至です。

第2グループの人材であっても、第3グループであっても、採用したからには「早く・安く育てる」。これができるかどうかは、会社の生き残りをかけた重要なテーマなのです。

そのためには、ＯＪＴという育成手法はとても適しています。

第1に、研修などの直接的な費用がかかる教育ではないのでコストをコントロールしやすいということが挙げられます。

第2に、枠にはまった画一的な指導ではなくトレーニーにあわせた育成が行えるので、落ちこぼれを作ることなく、それぞれのトレーニーにとって最速のスピードで育てることができるということです。

第3に、「人材を育成するノウハウが組織に蓄積できる」ということです。このノウハウさえあれば、どんな人材が入社しても怖くありません。さらに、第2グループの中から「ダイヤモンドの原石を見極めるノウハウ」もオマケとして付いてきます。

◎仕事を教える苦労から開放されたい！

管理職、教育担当者、ＯＪＴトレーナーなど、育てる立場の人から最近よく出てくるのが「なんでもかんでも『教えてもらうのが当たり前』だと思っている相手に教えるのは難しい」という話です。

先ほどのキャリア志向の有無とも絡みますが、以前は自分から進んで学んでキャリアアップしていくのがビジネスパーソンのあるべき姿で、そういう自発的な姿勢を持つことによって地位や待遇を高めることができたわけです。

もちろん、いまもそのスタイルは残っています。しかし、キャリア志向ではない人は、素直ではあるけれど自分から学ぼうとしない、あるいは教わっていないことはできなくて当たり前で、教えてくれない会社や上司・先輩が悪い、教えるカリキュラムに入っていないのが悪いというスタンスで仕事をします。

こういう部下・後輩に「なにをそんな甘いことを……」と思う気持ちはよ～くわかりますが、しかしそれを口にしたところで彼ら彼女らのスタンスが簡単に変わるわけではありません。

　また、「親切丁寧に教える」ということをしなければ、ネット上に悪いウワサが立ち、組織的なダメージにつながってしまうことも明らかです。

　そうはいっても、教える側は、いままでそうやって教わったことがあまりないので、「どうやって教えたらいいのか、どこまで教えたらいいのかがわからない」という状態。これを解決しなければなりません。

　ＯＪＴは仕事を題材として育成するわけですので、トレーナーの知らないことを教えるわけではありません。トレーナーが知らないのは「指導の仕方」だけ、ということもできます。楽をしようと思ってＯＪＴをテキトーにやってしまうと、逆に指導がうまくいかず、教える側の負担がドンドン増えるのです。

　ですから、どうすればＯＪＴがスムーズにいくのか、何を使ってどういう手順で指導したらいいのか、ということさえ整えておけば、教える苦労から少しは解放されます（とはいっても、人を育てるということは責任の重いことですから、まったく解放されるわけではありませんが）。

　しっかりしたセオリーに基づいて行えば、今までより楽に、今まで以上の効果がでるのです。

◎教える側はどうすればよいのか知りたい！

ＯＪＴトレーナーは具体的に何をしたらいいのか、これがよくわからないというトレーナーや管理職の方は意外と多いものです。トレーナーのやることを大きなくくりで言うと、次のようになります。

「組織目標の達成のために、トレーニーが組織の一員として必要な能力を習得することを目的とし、トレーナーが主に日常的な業務を通じて様々な指導を行うこと」

具体的には、トレーナーは次のようなことを行うわけです。

・組織目標を土台とした育成計画の策定
・育成計画をベースに、日常業務での指導
・日常業務以外の勉強会開催、面談実施、習得状況の評価など

「ＯＪＴは現場に同行するときだけのもの、一緒に業務をやるときだけのもの」と思っている人が結構多いのですが、それは「ある機械の操作を覚える」など特定の業務を教えるような場合です。

新人などの育成全般を任された場合は、同行していないときや業務を一緒にやっていないときでも仕事を題材として教えなくてはならないことがたくさんあります。つまり、ＯＪＴ期間中、就業時間のすべてにおいてトレーナーはトレーニーに関与するものなのです。

第2章

なぜ若い社員は育たないのか？

◎仕事をしながら教えれば育つという誤解

「自分の時代はいちいち教えてなんかもらえなかった」

「仕事なんて、やっていくうちに覚えるもの」

トレーナーの中にはこういうことを言う方がいます。トレーナーの上司や人事の方も、こう思っている方はいるものです。

かくいう僕も、同じような気持ちや考えはあります。僕が会社に入った頃、今思えば名ばかりのＯＪＴで、仕事は自分で苦労しながら覚えていきました。もちろん、丁寧に教えてくれた先輩や上司もいますが、とても計画的なものとは言えず、「いちいち聞かないで自分で考えろ、俺の背中を見ろ、できるようになるまで家に帰ろうなんて思うな」というのが当然でした（そのおかげで、学ぶ力は相当鍛えられたと思いますが）。

ですから、いまトレーナーになっている方や、その上の方々がこのように思う気持ちはよ～くわかります。

ただ、「今の時代は、それでは育たない人が多い」という歴然たる事実があるのです。

その原因について言いたいことはたくさんあるのですが、それは本書で扱うテーマではないので、本書では「この現実にどう対応するか」ということを中心に考えていきます。

いま、新入社員に多く見られる傾向として

・自発性が非常に低い（入社面接のときは「自発性の高さ」をアピールするが）
・失敗を極端に恐れる（安全志向、横並び志向）
・自分で考えない（考えずにネットで調べる）
・知識は非常に多い（経験に裏付けられているものではなく、ネットなどの情報）
・未来に希望を持っていない（日本の将来に期待していない）
・メンタル的に弱い（うつ病などになりやすい）

などがあげられます。

つまり、「自ら積極的に仕事を覚えていこうという新人、上を目指してがんばる上昇志向の新人はかなり少ない」ということなのです。

日本という国のことを考えれば、このような新社会人が生まれないように教育や社会を根本的に変えていかなければならないのですが、会社はその変化を待っていられません。

いまそこにいる新人を使い物にしなければならないのです。そうしなければ、毎月かかる人件費がいつまでたっても回収できないばかりか、会社の将来を支える人がいなくなってしまいます。

今後もますます厳しい市場競争が続くであろう今の時代には、以前のように「仕事をしているうちに自然と育つ」というような悠長なことを言っていられるほど会社に余裕はないのです。

トレーナーであるあなたに身近な話をすれば、あなたが一生懸命働いて会社にもたらしている利益は、新人が育つのが遅くなれば遅くなるほど、(新人の人件費に分配されるので)あなたに還元されることはなくなるということです。

もし、あなたの会社が「新人でもしっかりした教育をする必要なく、仕事をやらせていれば、ドンドン成長していく。ライバル企業に負けないだけの組織成長力がある」というのであれば、それは素晴らしいことで、そのままでもよいかもしれません。

しかし、そうでないのであれば、「仕事をしながら適当に教えていけば育っていく」というスタイルは今すぐ止めるべきです。教えなくても育つ人材が入社するよりも、「こうやって育てれば誰でも一人前にできる」というノウハウを構築すべきなのです。

◎できるヤツがいい教官になれるという誤解

ＯＪＴトレーナーを任命する際に、「仕事ができる人（ハイパフォーマー）をトレーナーにする」という傾向がありますが、必ずしもそれが適切とはいえません。

まず、ハイパフォーマーだからといって、教えるのが上手いとは限りません。「名プレーヤー、名コーチにあらず」です。人によってはトレーナーに任命されたことで本来の能力が出せなくなって、仕事のパフォーマンスが落ちてしまうこともあります。

そもそも、トレーナーとしての活動には普段自分がやっている能力とは全く別の「指導する技術」と、業務のほかに「指導に関連する時間」が必要なのです。自分が仕事をすることと、仕事を教えることとは考え方も行うこと自体も大きく異なります。つまり、「仕事ができるから、いいトレーナーになれる」という理屈自体が間違っているのです。

また、ハイパフォーマーの場合、社歴的にトレーニーと離れすぎていることがあります。そうすると、トレーナーとトレーニーのやっている仕事の内容が違うということも起こりえます。その場合、トレーナーがトレーニーを仕事の現場で指導したり、トレーニーの状況を日常的にチェックするというようなことは難しくなるのです。その上、どうしても会話をする時間が十分に取れないので、OJTに必要なトレーニーとの人間関係の強化ということも難しくなります。

このような状況だと、「トレーナーはトレーニーがなぜつまずいているのか、何を考えているのか、不安に思っていることは何なのか」という細かい事柄を見ながら臨機応変に適切な指導を行うということは無理な話となってしまってなかなかトレーニーが育ちません。トレーニーの立場からすれば的外れな指導やアドバイスをもらうことで、自分が成長できず、適切に褒められたり叱られたりすることもないので、モチベーションが下がってしまったりトレーナーとの人間関係が悪くなる可能性が高まってしまいます。

さらに、こういうこともあります。

仕事があまりにできる人がトレーナーだと、レベル差がありすぎてトレーニーが萎縮してしまったり、プレッシャーからトレーナーを避けるようになってしまったり、緊張が続いてストレスで参ってしまうことがあります。一番マズイのが、トレーナーと自分との差が大きすぎるあまり「自分はこのトレーナーのようなスーパーマンにはなれない」という「ムリ感」を持ってしまうことです。「このトレーナーの指導を受けていれば安心」という程度のレベルは必要ですが、「スゴすぎてついていけない」と思われてはダメなのです。

◎その場その場で対応すればよいという誤解

ＯＪＴは仕事を通じて育てていく指導方法ですから、その場その場で何を教えるかを考えるのは当然といえます。

しかしながら、「その場その場で考えた指導」ばかりになってしまうと、いつまでに、どんな人材が育つかの見通しを立てることが難しくなります。

最悪なのは、ＯＪＴの期限が来たから半人前だけど現場に出してしまう、というパターンです。

これは、トレーニーにとっても大変辛いことで、仕事に対する意欲が低下したり、会社に対しての信頼を失ったりすることは必至、場合によっては退職にいたることもあります。

さらにネット上に会社の悪口を書き、それを就職希望者が見ていい人材が集まらなくなる、というネガティブスパイラルに陥る可能性も高いのが今の時代の特徴です。

また、現場としても、ちゃんと教育が終わっていない人材を抱えるのは迷惑千万。チームワークも乱れ、人間関係が悪くなり、組織パフォーマンスが落ち、管理職が悩んでウツになって、チームは解散、人がドンドンやめていく、という悲惨なことにもなります。実際にこのような状況になってしまった会社からのSOSをいくつも受けています。

その場その場で教えるということを全面的に否定するわけではありませんが、それがOJTの中心になってしまうことは、結果的に「非効率的、非効果的、非生産的」であるということを理解していただきたいと思います。

当社にSOSが来た事例をご紹介しましょう。

その会社では、業績の向上に伴なって新卒学生の採用を増やすことにし、めでたく10人の入社が決まりました。

入社式も終わって、外部講座の新入社員研修にも参加させ、それぞれの職場へ配属となりOJTがスタートしました。

はじめのうちは、10人がそれぞれがんばっている様子でしたが、だんだんと暗い表情の人が増え、5月に2人、6月には3人、7月にも1人、なんと入社4ヶ月で6人が退職してしまいました。

そういう事態になってから「どうにかして欲しい!」と当社にお声がかかりました。そこで、まだ残っている4人の新人に「辞めた6人がどんなことを言っていたか」をインタビューしてみました。

OJTに関する話として、次のようなものがありました。

「仕事が難しいとか厳しいとかは思わないが、教え方が下手すぎる」

「人の育て方のノウハウが会社に無いように思う、トレーナーの好き勝手に指導されていて不安」

「その日その日の気分で教えるテーマが決まる。場当たり的でいい加減な感じ」

「教育計画を見せてもらったことがないので、自分が何を学んだらいいのかがわからない。自分が仕事を覚えられるかという不安もあるが、こんな会社で大丈夫なのかという気持ちになった」

そして、残っている4人も「自分達も同じようなことを思っている」と言いました。このような感覚・発言は「教えられ慣れている世代」に共通しています。

ところで、残った4人の新人はどういう人たちかというと、

Aさん（男性）：会社に学校の上の先輩（3歳違い）がおり、会社以外での場でも相談に乗ってくれたり仕事について教えてもらえたりしている。

Bさん（男性）：その会社の技術を学んでいずれ独立しようと考えている。

Cさん（女性）：同居している母親に5月ごろ「会社を辞めたい」と相談したところ、「あなたが目指している『自立した女性』は、こういう時に辞める人なの？」と叱られて、考え直した。

Dさん（男性）：自分も辞めようと思っていたが、次々と辞めていくので、言い出すタイミングを逃した。

という人たちです。つまり、「辞めない理由」のほうが強い人だけが残った、ということですね。

ＯＪＴはトレーナーとトレーニーが密接な関係を構築することが指導の大前提となるだけに、トレーニーはトレーナーのことをよく見ています。トレーナーや上司の様子から会社の姿勢を敏感に感じ取るのです。「そんなことで辞めるのか」と思われるかもしれませんが、これも現実のひとつ、せっかく採用した社員が無駄に会社を去ってしまわないようにするのも、ＯＪＴのテーマなのです。「その場その場の成り行きＯＪＴ」は大事な社員を失ってしまう可能性がある、ということをシッカリと認識してください。

◎ＯＪＴにテキストや資料は必要ないという誤解

「ＯＪＴにテキストや資料は必要ない」。

ハッキリ申し上げます、これは大きな間違いです。

たしかにＯＪＴ用のテキストが整っている会社というのは、それほど多くはありません。当社がご支援させていただいたなかでも、片手で収まるぐらいです。

そもそもＯＪＴ用のテキストや資料がナゼ整っていないのかと言うと、ここまで書いてきたように「ＯＪＴが組織的な教育の一環として位置づけられていなかったから」「ＯＪＴの重要性が会社として十分に認識されていなかったから」ということが主な理由です。

そして、確かにそれでもなんとか人は育ってきた、という経緯があるのも事実です。

しかし、トレーニーを少しでも早く戦力化させることが、企業にとってますます重要な課題であることは間違いありません。最小限の人材で効率よく経営する上で、採用した人材がどれだけ早く育つかは企業の競争力を大きく左右するのです。ＯＪＴで効果的に育てていく、トレーナーの負荷も減らし、ひいてはチームや部門の負荷量を減らし、負荷がかかる期間を短くし、最小のインプットで最大のアウトプットを得るためには、ＯＪＴを支えるテキストも資料も必要なのです。

もちろんＯＪＴは現場での指導が中心になりますから、いわゆる学校や研修のテキストのように教科書のような内容にすることはできません。ですが、どういう流れで教えるとよいのか、どういうことを確認すればよいのか、などを体系的に整理し、それを基にＯＪＴを行うことは可能です。

当社ではフランチャイズ本部のご支援も行っています。フランチャイズ（ＦＣ）というのは、本部が持っているノウハウを加盟者に提供して規模を拡大させるビジネスモデルです。皆さんがよくご存知のコンビニやファストフードでも採用されているビジネスモデルですね。

機会があれば、フランチャイズの加盟者募集の広告を見てみてください。多くの場合「未経験者歓迎」と書いてあります。例えば、飲食店のフランチャイズでは料理ができない人でも自分が厨房に立ち店をはじめることができるようになります。

　もちろん、加盟店が繁盛しなければ本部も破綻してしまいますから、本部と加盟店は一蓮托生。店舗を増やすために加盟者さえ集めればいい、というものではないのです。成功するＦＣ本部の要素にはマーケティング力や独自の技術などがありますが、実は非常に重要なのは「短期間に素人をプロにするノウハウ」なのです。つまり「人を育てる技術」です。

　加盟者は本部で一通りの基礎的な研修を受けると店舗でＯＪＴを行うのが一般的です。その際、テキストも資料も何もなく指導して、短期間でプロが育つと思いますか？　無理ですよねぇ。

　これは経営者を育てるＦＣだからということではありません。一般社員の教育、特に新人教育（中途採用も含め）にも当てはまる話なのです。

　本書では、ＯＪＴ用のテキストとなる「トレーニングマニュアル」の作り方についてもお話をします。これは結構ハードな作業です。しかし、それを作り上げていくことで「組織的に人を育てるノウハウ」が蓄積され、会社としての競争力を高めるのです。したがって、この作業はトレーナーだけに押し付けるべきものではありません。組織として取り組んでこそ意味があるのです。

◎辞令も権限もいらない、教えるのは当たり前だという誤解

「新人が入ってきたら、先輩や上司が教育を行うのが当たり前」、そう考えている会社や管理職の方はまだまだ多いものです。

しかし、そのような考えの下にOJTを行うことは、OJTに関する全てをトレーナーに負担させてしまうというだけでなく、人材育成に対する組織としての責任の所在が曖昧になってしまいます。

このような状態では、トレーナーは「精神論」でOJTに取り組まざるを得なくなりますし、トレーナーの気持ち次第でOJTのやり方や実施レベルがバラバラということにもなります。これでは、新人がちゃんと育つかどうかは、一種のバクチのようなものです。

本書を読んでいただければわかるように、OJTではトレーナーは多くのことを行います。指導の計画作りに始まり、資料の作成や整備、実地の指導、他のメンバーなどとの調整、トレーニーの心理的フォロー、上司への報告、ノウハウの蓄積など、それこそ0.5人分の仕事が増えるぐらいのボリュームです。

したがって、組織としてはどういう管理の下にＯＪＴを行うのかを明らかにしておく必要があります。

例えば社外の研修はだれでも勝手に参加できるということはありませんよね。必ず何らかの組織的な意思決定があり、研修テーマの自社適合性評価、参加者の選定、受講後の報告・情報共有、費用の予算計上などが行われているはずです。

ＯＪＴもこのように考えるべきです。組織的なＯＪＴを推進していくには、会社として次のような事柄を明確にしていきます。

・明確なトレーナーの選定基準
・標準的な到達目標
・適切なＯＪＴ実施期間
・ＯＪＴを実施しやすくするためのトレーナーの権限と義務
・ＯＪＴ業務についてのトレーナーの人事評価基準
・ＯＪＴ推進に関するチームとしての協力体制
・ＯＪＴに関連する予算確保

実際にＯＪＴをスタートするに当たっては、正式に辞令を交付し、トレーナーに任命された人だけでなく、社内で共通認識できるようにします。

ＯＪＴを「業務」としてキチンと位置づけることで、トレーナーの役割や責任も明確になり、片手間にＯＪＴを行うということが許されなくなります。当然、いい意味での緊張感がトレーニーにももたらされるので「しっかり教わり、学ばなくては」という意識になりやすくなります。

また、業務命令で行うことですから「何か困ったことがあったら、上司や会社がちゃんとフォローする体制である。最終的な責任は上司や会社が取る」ということになります。それは、トレーナーにとってもトレーニーにとっても大きな安心要素なのです。

第3章

最初にこれを教えるとうまくいく

◎仕事の意義をこんな風に教えてみよう

「仕事」って、なんのためにするのでしょう？　そもそもあなたはどう考えていますか？ちょっとだけ、僕の話を聞いてください。仕事の意義を明確にするためのヒントが得られるエピソードです。

僕が就職活動をしていたときの会社選びの基準、それは「給料がよくて、休みが多くて、嫌な仕事をしないで済んで、家から近くて……」

まあ、こんな感じです（笑）

結局、すべての条件を満たした会社は見つからず（そもそもそんな都合のいい会社なんてないですよね）、それでもある程度納得のいく会社に就職しました。

就職活動をしているときも、働きはじめてからもしばらくの間は「仕事の意義」なんて、ちゃんと考えたことはありませんでした。せいぜい「生活するためのお金、遊ぶためのお金」というぐらいです。

たぶん、皆さんのトレーニーもこの程度だと思ってください。いや、僕と同じレベルなんていうのは、失礼ですね、もっとシッカリしていることでしょう（笑）でも、恐らく仕事の意義をちゃんと考える機会はこれまであまりなかったのではないでしょうか。

「仕事の意義」というのは、いろいろなエライ人がいろいろなことを言っていて、どれも正しいなと思うのですが、共通しているのは「人として成長する」ということです。

あなたも仕事でこういう経験がありませんか？

・やりたくない仕事をやらなければならない
・無理だと思われる仕事をやらされる
・自分が悪いわけではないのに、謝らなくてはいけない

などなど。

できれば、こんな経験はしたくないと思うのが当たり前です。でも、それを乗り越えてきた分、成長できていますよね。

また、こんなこともありませんでしたか？

・仲間に感謝された
・お客様に喜んでもらえた
・達成感を味わった

・仕事だからこそ会える人といろいろな話ができた

そう、嬉しいこともたくさんあるんですよね。これも、仕事をやっているからこその経験です。

仕事というのは、もちろんお金を得る手段ではありますが、嫌なことや嬉しいことを経験し成長するのにもってこいの場なのです。

もし、仕事をしなくても生活できるだけのお金があって、仕事を全然しなかったら、どうやって人間として成長することができるでしょうか？　かなり難しいですよね。

年齢だけ高くなって中身は子供のまま、そういう人って魅力がないですよね、男性も女性も。もちろん、社会でも通用しないし、まして国際社会では相手にされません。

仕事をするからこそ、人の痛みもわかる、辛いことを乗り越える強さもつく、お金の大切さも身に染みる、いろんな技術も身に付く、たくさんの人に出会える。

仕事って、そういう捉え方をするものだと思います。

例えば、あなたがトレーニーを育てる、これもあなたの仕事ですが、それによってあなたは、普段の業務以外のたくさんのことを経験し、人として成長するわけです。

もしかすると、中には「人としての成長なんかしなくていい」というトレーニーもいるかもしれません。もしそれが新卒の新入社員だったら、それは若いからゆえの視野の狭さからくるものかもしれません。

僕の経験からすると、人として成長したほうが、人生全般においていろいろな可能性が広がるものです。

例えば、

・魅力がある人は人脈が自然と広がり、何かをしたいときや困ったときに相談できる人や助けてくれる人が増えます。

・いろいろなことをやり抜く力や、壁を乗り越える力が高まるので、手に入れられるものがドンドン増えてきます。

・人からの信頼が増すので、大事な仕事や大きな仕事を任されたり、思ってもいなかったチャンスが巡ってきやすくなります。

・あなたの役に立ちたい、あなたに喜んで欲しい、と思う人が増えるので、他の人が得られないような情報が集まりやすくなります。

・懐の広さや精神的なタフさが高まるので、心穏やかに過ごせます。

・結果的に、プライベートも充実し、物質的にも精神的にも豊かな人生となりやすくなります。

などです。

仕事をしっかりとやれば得られるたくさんのチャンスを逃してしまうのはもったいない。トレーニーに、仕事の意義をこんなふうに伝えてみてはどうでしょう。

◎会社の理念、ビジョン、行動指針をどう伝えるか

あなたの会社にも、仕事のやり方に関する様々なマニュアルがあると思います、でも、マニュアルで網羅できるのは、処理内容や判断基準が明確に決められるものだけです。

それらのマニュアルがしっかりしていれば、仕事を覚えることも早くできますし、一人前として活躍できるようになる時期も早くなりますが、人を育てるというのは、それだけで終わるわけではありません。

そこで登場するのが「会社のビジョン、理念、行動指針」など、会社の根幹となる考え

方や価値、判断基準です。

そして、それを実際に現場でどう適用するのかは、あなたが身をもって示すわけです。

例えば、あなたの会社の行動指針として
「常によりよい方法を模索する」

というのがあったとしましょう。これをマニュアルに盛り込むことはできませんよね。

もし、「○○の作業が終わったら、□□をする。その際、よりよい方法を検討してから□□の作業に移る」なんていうのを、全部の作業に書き込んでしまったら、マニュアルとして非常にわかりにくくなってしまいます。

ここでポイントとなるのは「常に」と「よりよい方法」という言葉です。

すべての仕事に対して「常に」「よりよい方法」を考えるというのは、なかなか難しいもの。でも、そんなことをいっていると、まったく考えないまま、いつもの方法で仕事をしてしまうものです。では、現場でこの「常に」をどう解釈しトレーニーに見せるのか、それがトレーナーの使命です。

「常に」を現場で実践できるようにするのは難しいことかもしれませんが、ニアリーイコールでもいいのではないかと思います。

例えば、

「もっと早くできないか？」

「これでお客様は本当に喜んでいるのか？」

「このやり方でライバル会社に勝てるのか？」

など、ふと「？」が思い浮かんだとき、ということです。

会社としても、毎日毎日改善策が出せるとは考えていないでしょう。でも、行動指針として言葉に表すとどうしても「常に」になってしまうものです。

だからこそ、先述したように本当に実践できる形、かつ本来の趣旨を外れないような形にあなたがアレンジして実践すること、これしかないんですね。

例えば、あなたがトレーニーに仕事を教えている時に「そういえば、この間お客様から『この伝票、もう少し見やすくならないかな』と言われたな」と思ったとしましょう。その時に、あなたが「いま、お客様にこれこれこうと言われたことを思い出したんだ。どうすればもっと見やすくなるか、一緒に考えてみよう」と言ってみること、そして「ウチには『常によりよい方法を模索する』という行動指針があるだろ？　いまそれを実践するんだよ」と説明します。

こういうことの積み重ねで、トレーニーは「会社のビジョン、理念、行動指針」を具体的に理解していくのです。

また、こういうのもあります。

「規則として禁止されていないから、これはやってもいいんだろう」と、トレーニーが思ってしまうケース。

これも、同じです。規則や規定に載っていないことを「ビジョン、理念、行動指針」が補完するということを、あなたが手本を見せたり指導したりするのです。

ある会社での出来事です。トレーニーのA君が社内で仕事中にガムを噛んでいました。確かにマニュアルや業務規定には「ガムを噛んではいけない」とは書かれていませんでした。

A君の言い分としては、「ガムを噛んでいたほうが頭がスッキリして仕事がはかどる、眠気が覚める」というものでした。言われてみればそれも一理あるかもしれません。

さて、トレーナーのKさんはどうしたものか困りました。そこで、そもそもなぜガムを噛むことを自分が止めようとしているのかを考えてみました。

（ちなみに、Kさんが新入社員の頃にガムを噛んでいたら、有無を言わさず「バカヤロウ！今すぐ捨てろ！」と怒鳴られて終わりでした）

やがて、「チームのメンバーがA君の行動に不快感を持っている、そのためA君との人間関係がスムーズではなくなり、皆がA君と協力関係を築こうとしていないことが問題」ということだと気がつきました。

Kさんの会社の経営理念には、「一致団結して社会に貢献する」という言葉がありました。一致団結するには協力関係が不可欠です。KさんはA君にこの事を話し、ガムを噛むのをやめる、あるいは皆が不快にならないような工夫をして欲しいことを伝えました。それと同時にメンバーに対しても、A君が悪気があってやっていることではないことを説明し、これから変えようとしていることを伝え、しばらく様子を見て欲しい、という話をしました。

これによって、その後A君は素直にガムを噛むのをやめ「ビジョン、理念、行動指針」がすべての仕事に関わっていることを理解すると共に、チームのメンバーも改めて「ビジョン、理念、行動指針」を考えて仕事をするようになったのでした。

このように、トレーナー自身が「ビジョン、理念、行動指針」を基準にして判断し行動していれば、トレーニーも具体的に理解できるのです。

◎インプット→シンク→アウトプットの習慣

ＯＪＴに限らず、人の能力を高めることをする場合の基本的な流れは、

インプット（入力）→シンク（思考）→アウトプット（出力）

です。

これを何度も繰り返すことで、知識、やり方、考え方が定着していきます。大事なのは、いつもこの流れを基本として指導をし、トレーニーにこの流れを染み込ませるということです。

それによって、トレーニーは「あ、教わるときは、まずインプットだな。それから、自

分で考えることになるぞ。それからやってみるわけだ」と、自分が教わっていくプロセスをイメージでき、次を考えながら指導を受けられるので混乱せずに済むと共に、ＯＪＴ以外でもいろいろなことを習得する力が高まります。

❶まず情報をインプットする

インプットとは、トレーナーがトレーニーに説明したり資料を読ませたりするということです。「で、どうやったらうまく説明できるの？」と気になると思いますが、それは後でしっかりお話ししますので、今は、「始めにしっかりインプットするんだ」ということだけ憶えて下さい。

例えば、あなたが実地棚卸のやり方をトレーニーに指導するとしましょう。実地棚卸を行う理由、ひと通りの流れ、効率的でミスの少ない在庫の数え方、帳簿数と実数に違いがあったときの処理、などを説明すると思いますが、これが「インプット」です。

インプットしたからといって、トレーニーが全部を理解したとは限りません。よくて半分ぐらいだと思って下さい。

人間の思考の特性として「自分にとって理解しやすい事柄から理解する」というものが

あります。理解しやすい事柄とは多くの場合、似たような経験をしたことがあるものです。
仮にトレーニーが学生時代に通行量調査のアルバイトをしたことがあるとしましょう。
そうすると「ひたすら数える」とか「カウンターを使う」という経験があるはずです。この場合、トレーニーはあなたの説明における「数える」という部分についてわりとすんなり理解でき「よくわかった」という状態になります。

残りの説明については「なんとなくわかった」「あまりよくわからない」「ぜんぜんわからない」に分かれます。あなたはトレーニーの頭の中が、この４段階の理解度になっているということを知っておきましょう

ただ、ここで１つ気をつけて欲しいことがあります。それは、トレーニーが「わかった」と思っている事柄でも、「経験があるゆえに間違った理解をしている」という可能性があることです。静止している在庫の数え方と、動いている人や車の数え方は違います。でも「数える」ということが共通しているので、トレーニーは自分が経験したやり方をベースにして理解してしまいます。そうすると「数え方はわかっているから大丈夫」という気持ちから「在庫の数え方で注意しなくてはならないこと」を聞き流してしまうことがあるのです。

いずれにしても、インプットは何回も繰り返す必要があるということを忘れないでおき

ましょう。

❷インプットした情報を自分なりに考えさせる

日本の場合、高校ぐらいまではこの「シンク」のプロセスに慣れていません。インプットしたらアウトプットすることばかりを経験しているからです。学校の授業を思い出してください。例えば英語。文法や単語をインプットして、テストでアウトプットするというスタイルですよね。その単語の成り立ちや文法の根本的な考え方を「自分で考える」というプロセスを経験している人はかなり少ないのではないでしょうか。専門学校や大学でも、少しはシンクのプロセスが入るようにはなってきましたが、新卒の状況を見る限りではまだまだ不十分です。ですから、シンクはシッカリと叩き込んであげてください。

さて、「考えさせる」というのは、インプットした内容を正しく理解するために頭の中で反芻する、分解し再度組み立ててみる、根拠や関連を自分なりに構築してみる、ということです。

この「シンク」は、次のアウトプットと非常に関連があります。というのは、考えなくてはいけないレベルのアウトプットをするからこそ「シンク」が生まれるからです。

先ほどの例を使うと、トレーナーは当然ながら実地棚卸のやり方をよく知っているはずです。でも、それを「トレーニーに教える」というアウトプットをするには、どういう作業があるのかとか、どこを注意したらよいのかを改めて考えますよね。

トレーニーにインプットした事柄について、何を考えさせるかというと、次のようなものがあります。

a）それをやる理由や理屈
b）仕事の手順
c）前後の仕事との関係
d）注意すべきこと
e）守るべきルール
f）前提となる条件

などです。

❸インプットしたものをアウトプットさせる

アウトプットさせることによって、トレーニーがそれぞれの事柄について理解度の４段階のうち、どの段階になっているのかを知ることができると同時に、トレーナーもそれをキャッチすることができます。そうすれば、トレーナーは次に何を重点的にインプットすればよいのかがわかり、トレーニーの理解が進むというサイクルになるのです。

アウトプットさせる方法は簡単。次の２つをセットで行えばＯＫです。

（1）まず説明させる

先ほどのａ～ｆについて、あなたが質問をしたり、簡単なテストを行ったりします。もし、実際にやらせるにはまだ理解が不十分だと思ったらインプットをしなおします。なぜやらせないのかと言うと、理解が不十分なままやらせてしまうと、先々正しい理解がしにくくなるからです。

脳というのは、実際にカラダを動かして作業をしたことは記憶の深い部分に残りやすいようにできています（漢字を書くと覚えやすい、というのもこの理由によります）。ですから、正しいことも間違っていることもごちゃ混ぜのまま記憶の深いところへ定着してしまって、後から修正しにくくなるのです。

（2）次にやらせる

実際にやらせることによって、どの部分をどれだけ理解しているかがわかります。トレーナーがわかるだけではなく、トレーニーも体感的に理解不足がわかるというのがミソです。

このとき、もし理解できていないところや間違ったところがあったとしても、すぐに怒ってはいけません。威圧や恐怖による指導は、今の時代はあまり効果的ではないからです。また、他の部分との関連でよくわかっていないということもありえます。トレーナーとしてはそのあたりも踏まえてどのようにインプットしなおすべきかを考えるとよいでしょう。

ただし、甘やかしてばかりでも育たないですね。ですから、例えば「同じミスは３回までは怒らない」というようなルールを共有しておくのもよいでしょう。

先にお話ししたように、仕事のすべてをマニュアルで網羅することは不可能です。かといって、経営理念やビジョンからは導き出しにくい事柄もあります。

では、そのことについて、少し考えてみましょう。

◎マニュアルにない部分をどう教えるか

・修理作業をするときの工具の並べ方
・複数の事務作業を効率よく同時進行する方法
・お客様に叱られたときの正しい対応の仕方

こういうことを書き出したら何十何百とあるでしょうね。

ＯＪＴではこういう細かいことを何度も何度も教えることになるわけです。それは教えるトレーナーも大変ですが、教わるトレーニーも大変！　メモに書いても書ききれない、書いてあっても覚えていない、それこそ書いたことすらも忘れてしまう、なんていうのは日常茶飯事です。

じゃ、どうするか？　というと、とにかく仕事に対する基本的な考え方をしっかりと教えることです。そうすれば、細かい事柄はそれに照らし合わせることで対応できます。

では、一般的な「仕事の基本」をまとめてみましょう。

１）責任と誇りを持って仕事をする

2）より高い品質で仕事をする
3）より早く仕事をする
4）より確実に仕事をする
5）事故や怪我が起こらないように仕事をする
6）相手の身になって仕事をする
7）次の人のことを考えて仕事をする
8）チームとしての関係が悪くならないように仕事をする
9）自分の次の作業が楽になるように仕事をする
10）自分が成長できるように仕事をする

・1～5は仕事そのものについて
・6～8はお客様や仲間とのことについて
・9～10は自分自身のことについて

これらのなかには、似たようなこともあるし優先順位を決めるのが難しいこともあると思いますが、まずはこのぐらいを押さえておけばよいでしょう。

あなたが教える1つ1つのことをこれに当てはめてみてください。きっとどれかに当てはまっているはずです。

例えば、

＜作業時の工具の並べ方＞

・使う頻度の高い工具を手前に置く

↓より早く仕事をする③

↓より確実に仕事をする④

↓自分の次の作業が楽になるように仕事をする⑨

＜複数の人から書類作成依頼が来ている＞

・その書類を一番早く必要としている人のモノを先にやる

↓次の人のことを考えて仕事をする⑦

↓相手の身になって仕事をする⑥

↓より仕事を早くする③

↓チームとしての関係が悪くならないように仕事をする⑧

↓自分の次の作業が楽になるように仕事をする⑨

＜お客様に怒られた＞

・お客様が怒っている理由を確認する
↓責任と誇りを持って仕事をする①
↓品質がよく、より早く、より確実に仕事をする②③④
↓相手の身になって仕事をする⑥
↓自分が成長する⑩

ある会社では、「仕事のＫＩＨＯＮシート」という名でこういうリストをトレーナーが持ち歩き、指導するときに「いま教えていることは、１番と４番と７番に沿っているんだよ」というようにしています。

また、時々トレーニーに「この作業は何番に当てはまると思う?」というような質問を意図的に投げかけるようにして、トレーニーの意識に定着させています。

ＯＪＴ期間中、何を教える際にもこのシートを使うので、トレーニーは自然と「この仕事は何番かな」と考えながらやるようになるのです。ですからトレーニーが一人で仕事をするとき、マニュアルに詳細に記述されていなくてもへんなことをやってしまう率はずいぶん減るし、トレーナーの負荷も軽くなるのです。

第4章

育成計画を作っておくと10倍短縮できる

◎スモールステップで達成感を持たせる

育成計画において一番重要なのは、目標設定の仕方です。

育成計画が、生産計画や販売計画と一番異なるのは、対象が「人」だということです。そのため、計画の基本的な考え方が売るものや作るものとは異なってきます。

生産計画や販売計画も育成計画も目標を設定します。ここまでは同じです。違うのはその先です。

生産計画は、「1ヶ月で1000個製造する」という目標があればそれを工場が稼働する日数（20日としましょう）で割って「毎日50個製造する」という計画、販売計画なら「1ヶ月で1000万円売り上げる」という計画なら、「毎日50万円売る」という計画を立てるわけです。つまり、基本的には均等にステップを組んでいく計画になります。グラフにするとこのように直線的になります。

しかし、人は直線的には育ちません。最初は伸びが少なく、だんだんと伸びが大きくなっていきます。グラフにすると曲線を描いていくわけです。

これを考慮しないで生産計画のような直線的な計画を立てると、途中の各ステップをクリアすることは難しくなります。そうするとトレーニーは不安になったり、イヤになったりしてしまう可能性が高まります。

それに加え、クリアできないことに対しトレーナーがイライラしたり、厳しく指導しすぎてしまうことも起こりがちです。そうするとトレーニーは萎縮したり反発したりして、さらに成長が滞るという悪循環に入ってしまいます。

育成計画を立てる際の１つの大き

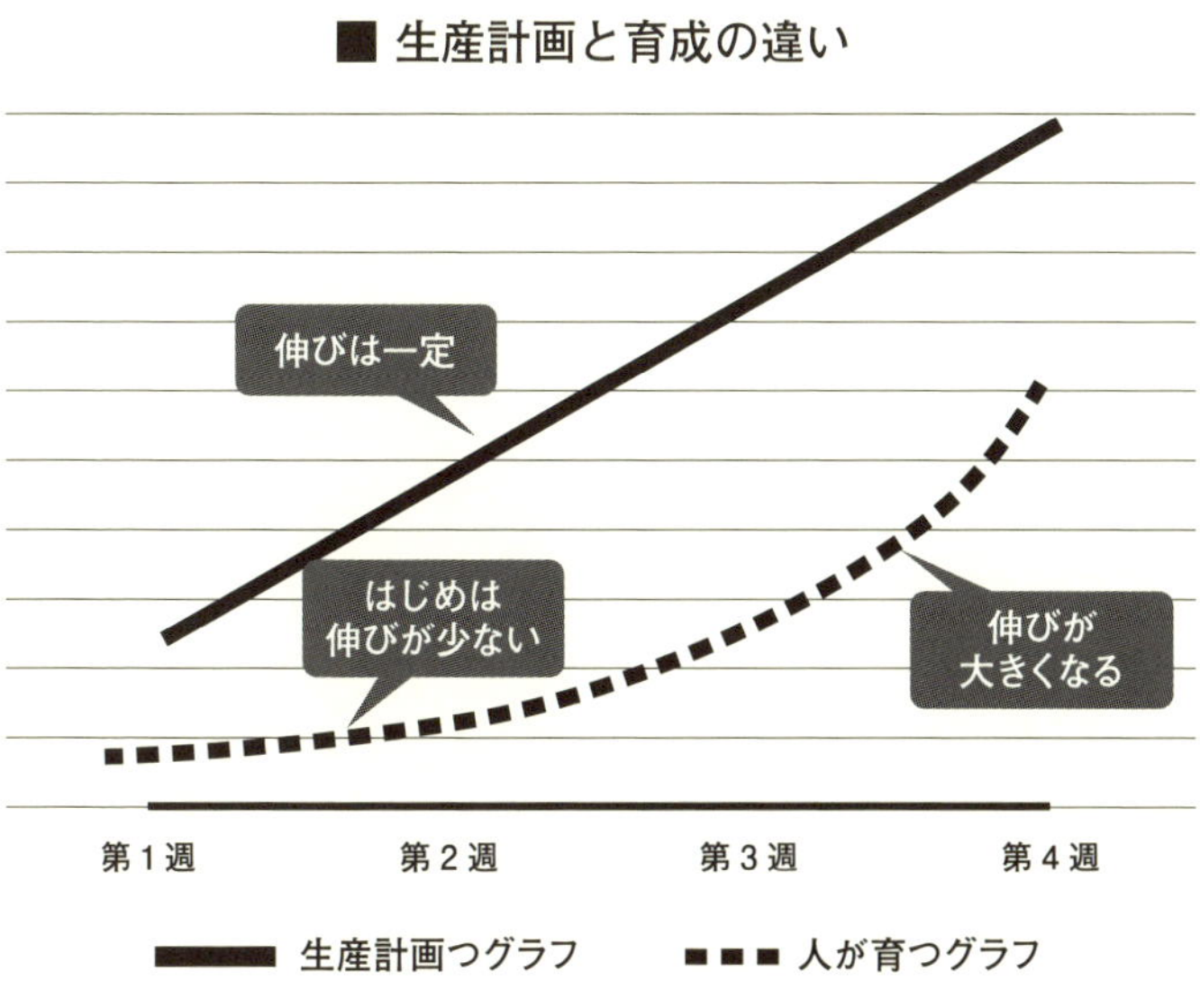

なポイントは、

「始めのうちは小さなステップをたくさん用意して、『できる感』を与えてあげること」です。

始めのステップは低く、ある程度経験や知識がついたらだんだんとそのステップを高くしていく、そして高いステップをちゃんと乗り越えられて、そこでまたより大きな『できる感』を与えていくこと、さらに、その先にちょっとレベルの高いステップ（ただしできなくても責める必要はない）も用意して『がんばったらできた感』を与えることです。

これを行えば、トレーナーも自分の成長を感じながら無理なく伸びていくことができますし、トレーナーもイライラせずに指導にあたることができ、ほめることもたくさん見つけられます。それがトレーニーの意欲を高め、さらにがんばっていく、という好循環になるのです。

スモールステップにするためには、指導テーマがいったいどういう項目から構成されているのかを分解し、それを難易度分けすることから始めます。

例えば、

「お客様に商品Aの説明を一人で行うことができる。お客様からの質問に90％以上その場で回答できる」

という状態を到達目標とします。

その場合、こんなような図にしてみるとわかりやすくなります。

（難易度は簡単な順にA、B、Cの三段階）

仮に3ヶ月のOJT期間があったとして週単位で計画を立てた場合、12週となります。第1～6週まではAランク、基本的なこと、簡単なことを指導していきます。第7～10週ぐらいまでは、Bランクにステップアップします。最後の第11～12週で、いよいよCランクにチャレンジです。

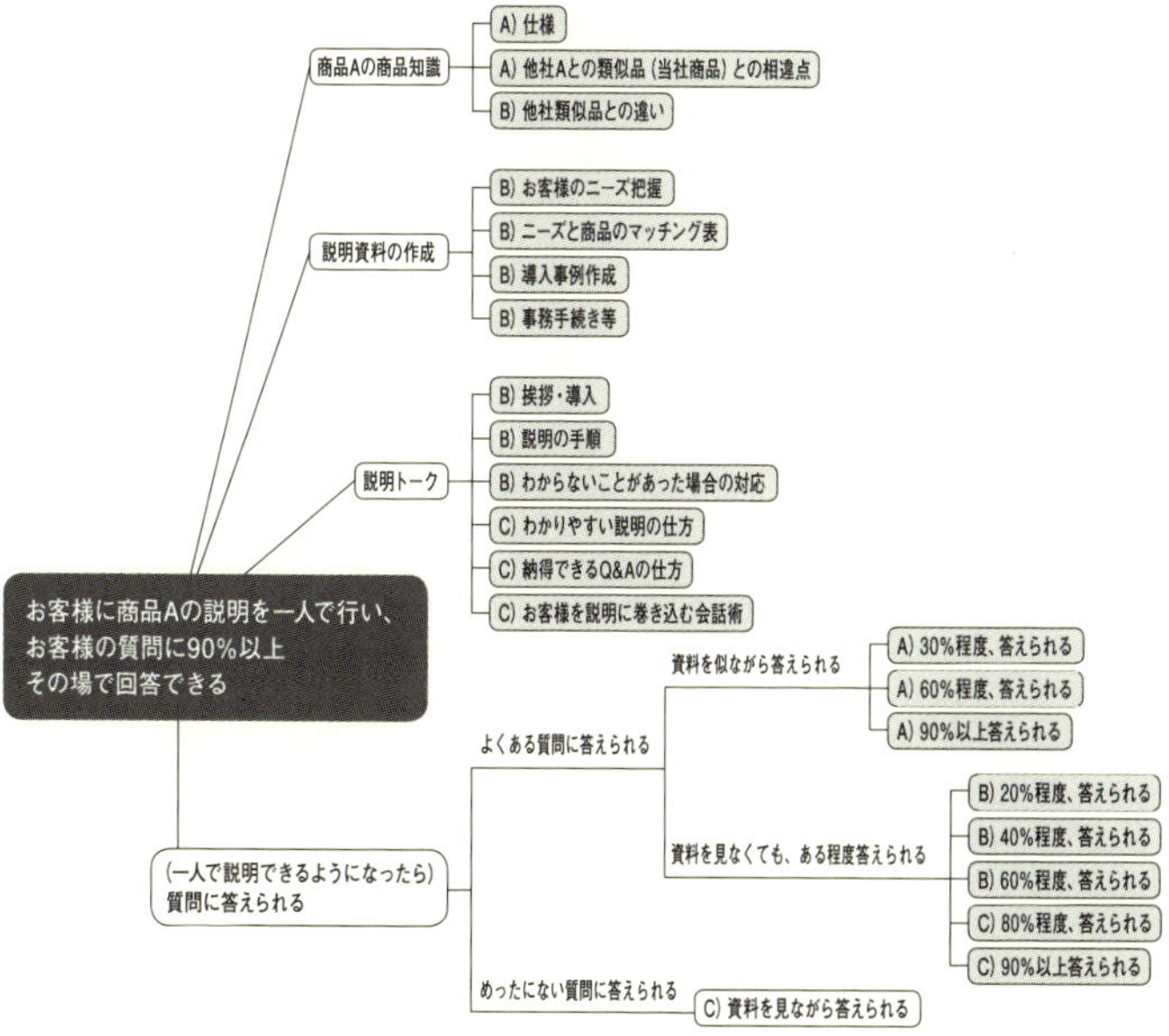

もちろん、各ランクのそれぞれの項目が一定の水準に到達しない場合は、無理に次のランクに上げることをしてはいけません。それをやってしまったら育成の土台が崩れてしまいます。

ところで、育成の土台って何だと思いますか？

それは「トレーニーから信頼されていること」なんです。

つまり、ちゃんとできていないのに次のステップに進めると、トレーニーは「いい加減に指導されている」と感じてしまうのです。そういうトレーナーを信頼するはずがありません。いくらあなたが技術的に優れていたり社内一の成績優秀者だとしてもです。

また、どのようにそのステップを登らせてあげるのかを具体化しておくのも、育成計画では重要です。

例えば、Bランクで「お客様の前で商品Aの性能を一方的に説明できる」という到達目標を設定したとしましょう。

それができるようにするために、その期間に何をするのか、ということを計画に書き込んでおきます。

第１週目………商品Ａの説明書に書いてあることを、自分なりに１００％理解できたという状態にする。

第２週目………商品Ａに関する知識テストを行い、90点以上を獲得できるようにする。

第３週目………家族や友人に商品Ａの説明を10回以上行う。

第４週目………トレーナー同行の上、お客様の前で３回以上商品Ａの説明を行う
第１〜３週目…トレーナーや他の先輩がお客様に商品Ａを説明する機会がある場合は、同行しやり方を学ぶ。


もちろん、他の仕事や他にも学ぶことがありますから、この計画通りに実行はできないかもしれませんが、それは臨機応変に修正していけばよいのです。大事なのは「どうすればトレーニーがその目標に到達できるか」をトレーナーがしっかりと具体的に考えておくということです。

◎到達目標は具体的で測定可能であること

育成計画における計画部分の基本的な構成は次の2つです。
・到達目標：どれぐらいの期間で、どれぐらいの状態になることを目指すのか。
・指導方法：到達するためにどのよう指導や現場経験を行うのか。
ここでは、到達目標について考えてみましょう。

効果的なOJTを行うためには、到達目標において次の2点が押さえられていることがポイントとなります。
・具体的であること
・測定可能であること
これによって、指導の方法が明確になると共にトレーニーの習得状況を正しく把握することができるのです。

まず、具体的であること。これはどういうことでしょうか。

営業パーソンの育成を例に考えてみましょう。

「営業パーソンとして既存のお客様を担当することができる」という到達目標があるとします。

なんとなくイメージとしてはその通りなのですが、ちょっと抽象的ですね。

これを具体的な到達目標にしてみると、
・お客様から会社に電話があったときに、前任者ではなく当人が指名される。
・商品やサービスの提案を、１社当たり月に１回以上行える。
となります。

では、これはどうでしょう？

「事務仕事が早く正確に行える」

さっきよりは、具体的っぽいですが、まだ不十分です。

次ページの目標例を見る前に、一度自分で考えてみてください。

事務作業の到達目標としては、こうすれば具体的になります。

・マニュアルを見なくても書類が作成できる。
・○○の書類が標準時間内に作成できる。
・1週間に発生した処理のミスが3件以下である。

さて、到達目標を考えるときに1つ忘れてはいけないのが

「早くできることより正しくできることを優先する」

ということです。

いくら仕事が速くできても、間違っていては意味がありません。

レストランでシェフ見習いにハンバーグを作る方法を教えたいなら、まずは時間がかかってもよいからおいしく作ることを身につけさせます。いくら早く出来ても、まずいハンバーグだったらダメなのです。

次に、同じおいしさを維持しながらより早く作る方法、それができるようになったら、同じ速さでよりおいしくつくる方法を「考えること」（＝問題意識、課題解決意識）を身

につけさせるという順にします。

◎目標到達を支える項目

さて、育成計画は目標を設定するだけではありません。どのようにしてその目標に到達させるかという事柄も記載していきます。具体的にそれらを見ていきましょう。

❶計画している指導の概要

「どのタイミングで何を行うか」です。ただし、あまり細かいところまでは書かないほうが計画として見やすくなります。上司やトレーニーが計画表を見て「あ、こういうことをやるんだな」という程度で大丈夫です。詳細の内容については、後の章でお話しするトレーニングマニュアルに記載したほうが計画もマニュアルも使いやすくなります。

例えば、到達目標として次のようなものを設定したとしましょう。

・仕事面…お客様にA商品の一方的な説明ができる
・ヒューマンスキル面…相手が気持ちよくなるような挨拶ができる

これに対しての指導概要としてはこの程度でOKです。
・仕事面…商品パンフレットを暗記させ、ロープレ演習を繰り返す
・ヒューマンスキル面…『あいさつ好感度アンケート』を毎日実施しフィードバックする

❷指導に関連するイベント的な事柄

指導概要とかぶる部分もありますが、指導期間中に「製品発表会」や「資格試験受験」というような事柄が予定されている場合があります。こういうのも育成計画の中に盛り込むわけです。

こういうイベント的な事柄はマイルストーンとして使うことができます。例えば「製品発表会」であれば、その時までに

「来場されたお客様にA商品の説明ができるようにする」とか、
「来場されたお客様に好感を抱いてもらえるような挨拶ができるようにする」

ということを到達目標とするという具合です。

❸目標到達率を記録する

育成計画は予定を書くだけは片手落ち、「どれだけできたか」という実績も記録してこそ指導の役に立ちます。

まずは、設定した到達目標にどれだけ近づけたのかを、週単位で記録することです。あまり細かい判定は必要ありません。次のような４段階程度で十分です。

◎：完璧
〇：大体ＯＫ
△：不十分・再チャレンジ
×：指導できず・再チャレンジ

この程度にしておけば上司への報告も楽だし、トレーニーへの説明もしやすくなります。記録するのもそれほど大変ではないでしょう。しかし、この程度だからといって侮るなかれ。こういう記録をつけていくこと自体がＯＪＴのクオリティーを高めて、結果的にトレーニーが早く育つことになるのです。

なぜ、クオリティーが高くなるのかと言うと、ずばり「トレーナーが反省し指導方法の改善のキッカケとなるから」です。ＯＪＴがうまくいくかどうかはトレーナー次第。ですから、うまくいっていなかったらトレーナーがやり方を変えなければよい結果がでるはずがありません。しかし、なかなか振り返るということを行えないのもよくわかります。計画書にこのような到達状況を記録する欄を作ってしまえば、上司やトレーニーに見せる際に「空欄」というわけにはいきませんから、何かしらの評価と振り返りが自動的に行われるというわけなのです。

◎常に情報は共有すること

あなたにはＯＪＴの全体像が見えていますが、トレーニーはそれをイメージすることができません。イメージできないまま指導を受けるというのはやはり不安なものですしモチベーションも上がりにくくなります。

育成計画は、あなたが指導する上でのツールであるだけでなく、トレーニーが自分がどのように指導を受けていき、どのようなレベルに到達するためにＯＪＴをやっているのかを理解するために役立つものでもあるのです。

ですから、あなたが独り占めしてしまわないで「トレーニーと一緒に使う」という気持ちで活用しましょう。具体的には、育成計画に書いてある予定項目、つまりどういう指導テーマがあるのか、いつまでにどのような到達レベルになることを予定しているのか、いつどんなことをやるのか、などをトレーニーに伝え、トレーニーの意見や希望なども必要に応じて盛り込んでいくことです。

さて、仮に１週間単位で育成計画を作ったとしましょう。その場合、どのようにしてそれを共有すればいいのか、次のようなことをやってみるとよいでしょう。

❶週の始め

先週までの目標到達状況や指導上の問題点などを踏まえて、今週の指導テーマに関する実施予定とその内容、到達目標の確認、取り組むべき課題の確認、重点テーマの設定をトレーニーと一緒に行います。その際、トレーニーの希望にも耳を傾け、育成に効果的と思われる事項は盛り込み、そうではない場合はペンディングとして記録しておきます。また、以前ペンディングとした事項で今週盛り込めそうな希望事項があれば盛り込むようにします。

❷毎日の始業時に

昨日の指導結果を踏まえて、今日予定している仕事、学ぶべきこと、今日の習得レベル目標、トレーナーの予定や関与度、留意点などをトレーニーと一緒に確認します。

❸毎日の終業時に

今日の目標到達度の確認、今週の目標到達状況の確認(どちらもトレーナーとトレーニーとで数値化して評価)、うまくいったこと・いかなかったことの確認と対策、明日の予定の確認を行います。

❹週の終わりに

今週「学んだことと身につけたこと」と「計画していたこと」との対比（必ずしも計画通りではないし、計画以外のことを学ぶこともあり、それはそれでOK）、トレーニー自身からの反省や自己評価、トレーナーからのアドバイス、育成計画を踏まえて来週以降の方針、今週学べなかったことをどこでリカバリーするか計画を一緒に修正します。

◎計画通りに育たないときの対処法

いい内容の育成計画があるからといって、必ずしも計画通りに育つとは限りません。どちらかといえば、計画通りにはいかないほうが多いでしょう。

だからといって、計画を立てることは意味がないのかというと、まったくそんなことはなくて、計画があるからこそブレずに育てることもできるし、適切な措置を取ることもできるわけです。

さて、計画通りに育っていない、例えば「予定の時期に予定の到達目標に達していない」などの状況が発生したらどうするか？　まずはその要因を考えてみることからスタートです。

❶要因を考えてみる

予定通りに育っていない要因の主なものは次の３つです。

（１）実務の経験回数が不足している。
（２）「トレーニーが理解したもの」と思い込んで先に進めてしまった。
（３）トレーニーの意欲が下がっている。

実際は、この３つが絡んでいることがほとんどです。大事なのは、この３つのうちどれが最大の原因かを探ることです。

例えば、

「理解もしているし意欲もあるのだけれど経験が少ないから十分に習得できていない」

ということもありますし、

「意欲が下がっているから、経験も十分だし理解もしているんだけれど、イマイチちゃんとできない（やろうとしない）」

ということもあるわけです。

❷原因を探る

では、なぜそのようなことが起こっているのか、その原因を探るのが次のステップです。

これにはトレーニーとじっくり話をするというのが一番の方法です。

会話の流れとしては、このようになります。

（1）まず、「到達目標に至っていないから話し合おう」という形でスタートします。

その際に、叱責はしないようにしましょう。「こちら側の教え方が不十分だと思うので一緒によい方法を考えたい」というスタンスで会話をすることでトレーニーがちゃんと話を聴く・する、というモードになります。

（2）何ができていないのか、できているところは何なのかを具体的に提示します。

こちらの判断だけではなく、トレーニーの判断も聞きます。もしトレーニーが「自分はできていると思う」と言った場合、トレーナーとしてできていないと判断している根拠を提示して「がんばっているのはわかっているんだが、この状態だと合格点がまだ出せないんだ」と説明します（感覚だけでダメ出しをするのはNG）。意欲と能力は分けて話をすることと、話が別の達成不足の事柄に飛び火してしまわないようにすることも大事です。

（3）次に「十分に理解しているかどうかを確認する」という切り口で会話を進めます。

問答形式で「〇〇のときはどうする？ □□の原理をちょっと説明してみて」という形でトレーニーの理解度を確認します。あくまで確認が目的なので理解していない事柄があっても叱らないでください。ここで叱ってしまうとトレーニーはだんだんと口を閉ざしてしまって、この指導テーマだけでなくOJT全般に悪い影響を与えてしまいます。

（4）理解が十分であれば、OJTで経験した現場を振り返ります。

そのときに、基本的な知識でこなせる仕事だったのか応用や過去の経験が必要な現場だったのかを確認しながら行います。理解が不十分であれば理解させるための時間を再度スケジュールします。

（５）最後に、会社や人間関係などについて、不安、不満、問題がないかを聞いてみましょう。

そのときに、「何か問題はないか？」と聞いても「特にありません」と言われてしまうことが多いので、具体的に「お客さんから厳しく言われたりしたことはないか？」「残業がちょっと多くなっている感じがするけれど、疲れがたまっていないか？」というように問いかけるとトレーニーも素直に答えやすくなります。

このような会話をすることで、３つのうちのどこが一番の問題なのかが見えてきます。逆に、ここで見誤ると間違った対処をしてしまい、状況が余計悪くなることもありうるので、しっかりと会話をしましょう。ただし、あくまでやわらかいムードで。こういう場合はトレーニーは緊張したり、つい「いいところを見せよう」と思ってしまったりするので、「本音で話せる雰囲気」になるようにしましょう。

❸対処法を考える

原因が見えたらあとはそれを解消する方法を考えます。

（1）経験が少ない場合

経験すべき仕事を計画の中に盛り込みます。時期的に難しい場合は、やれそうな時期を見定めて改めて計画をしなおします。

（2）理解が不足している場合

理解を深めるための対策を取ります。じっくり教える時間を作る、自分で資料を読み直す宿題&テストを行うなど。トレーニーと一緒に考えるのもよいですね。

（3）意欲が下がっている場合

他の人たちに関連することで、かつ社内で調整できるものであればトレーナーが上司に相談などをして調整役として動きます。気持ち的なものであれば、じっくり会話をする回数を増やしたり普段の声かけを増やしたりしましょう。

◎自分で育成計画を作らせてみる

ＯＪＴがある程度進んだら、育成計画の一部を作らせてみましょう。具体的なタイミングとしては２ヶ月目に入るあたりがお勧めです。その場合、２ヶ月目の４週間の一部をトレーニーに作らせてみます。

❶作らせ方

漠然と「作ってごらん」と言われてもトレーニーは、作る事はできません。なぜなら「この時期に何を習得すべきか」ということがわからないからです。

ですから、指導テーマに関連し、かつトレーニー自身で決められる事やチャレンジできる実施項目をトレーナーがピックアップしておき、それを提示してあげます。

例えば「在庫管理のしかたを習得する」という指導テーマだとしたら、こういう程度のことをトレーニーに提示してあげます。

「在庫管理に関する本や資料を読む」

「在庫管理についてトレーナー以外の人に聞いてみる」
「一人で在庫管理表の発行をやってみる」
「トレーナーと一緒に実地棚卸の作業をやってみる」

トレーニーはそれをスケジュール化してみるわけです。イメージとしては、カフェテリアで好きな料理を取ってトレーにキレイに並べるようなものです。

もちろん土台となる計画はあなたが作るのですが、トレーニーが選んだ項目をその計画に盛り込んだものを使って指導をするわけです。

最初に作らせるときは、選ばせるのはせいぜい1項目。そして、大事なのはそれをちゃんとやり遂げるようにフォローしてあげることです。その項目が達成できたら、次は2項目に増やします。OJTをやる期間にもよりますが、多くても3項目ぐらいまでにしましょう。ただし項目の難易度は育成度合いによって高くしていってもOKです。

❷どんな効果があるのか？

トレーニーに計画を作らせる効果はいくつかあります。

まず1つ目は「計画に自分が関与している感じを与える」、いわゆる当事者意識を持たせる事ができるということです。自分がまったく関わらずに作られた計画よりも、少しでも自分が関わっていると、「自分が作った計画、自分のための計画」という感じがするので、育成計画に興味を持つのです。

２つ目は、「自分が設定したトレーニング項目は大事にする傾向がある」ということです。例えば、トレーニング項目として「商品のパンフレットを全部見ておく」というのがあったとしましょう。これをトレーナーがポンっと育成計画の中に放り込むよりは、トレーニーが自分でその項目を選んで盛り込むほうが、「商品パンフレットをちゃんと見よう！」という気持ちになりやすいのです。

３つ目は、「計画的に進めていくということに慣れさせる」ということです。社会経験が浅いトレーニーは、なかなか計画的に物事を進めるということができないもの。「目標を決めて、やるべきことを考え、スケジューリングし、うまくいっているかどうかをチェックして、必要に応じて修正・フォローする」という、いわゆるＰＤＣＡサイクルを、計画を一緒に作るということを通じでトレーニーに染み込ませてしまうわけです。

ＯＪＴというのは、どうしてもこのＰＤＣＡサイクルが崩れがちですから、そのままだと「結局テキトーでいいんジャン」ということに落ち着いてしまう可能性があります。

◎トレーナーが実践したことはすべてノウハウになる

トレーナーであるあなたは、育成計画に基づいてトレーニーにいろいろなことにチャレンジさせますよね。

あなたとしては、ハラハラドキドキ、いやイライラムカムカ（笑）しながらそれを辛抱強く抑えながら指導を繰り返すわけです。

そのようなあなたの苦労は、あなたのチームや会社にとって大事な人材育成ノウハウとなります。つまり

・何をやったらうまくいったのか

・効果がなかったのはどういうものか

という記録が、今後のＯＪＴに、とても有意義な情報となるのです。もしかすると、来期の新人もまたあなたがトレーナーになるかもしれませんし、別の人がなることもありますよ。そのとき、この情報がどれだけ役に立つことか！　逆に言えば、今あなたは「前のトレーナーがちゃんと記録を残しておいてくれれば、もっと楽なのに……」と思っている

かもしれません。

当然ながら、トレーニーが変われば、前はうまくいったことも今回はうまくいかない、ということはあります。しかし、何度かサイクルを繰り返せば、確率的によい方法、というのが見えてくるものです。そして、いろいろなパターンが記録に残っていれば、トレーナーも自分ですべての方法を考えることなく、先人の知恵を拝借することができます。

このようにあなたの行ったことは、すべてノウハウになるのです。ちょっと面倒かもしれませんが、「指導記録ノート」にあなたが実践した事とその結果を、ぜひ書いておいてください。これは、後の章でお話しする「トレーニングマニュアル」とも大きく関連してきます。

記録ノートはできれば毎日書くことをお勧めします。「毎日は大変だ、面倒だ」という気持ちもわかりますが、逆に何日分も溜まってしまうと何をやったか思い出すだけで時間もかかりますし、一度に書くのは気持ち的にも負担が大きくなるからです。

では、何を記録しておくべきかを詳細に見ていきましょう。

❶どういう手順で教えたか

何かを教えるときには、いろいろな手順があります。例えば、先に知識を学んでもらってから実際にやらせてみる、とか、まずは手本を見せてからそれを自分なりに分解させてみる、などです。教える内容によってその手順は異なると思いますし、相手によっても異なるはずなので、それを記録しておきます。

❷どこでミスをすることが多いのか

教えた事柄を、一度もミスをしないでやれるトレーニーはあまりいません。何度も間違うのが普通です。ただし、ミスをしやすい部分や誤解をしやすい部分というのは、わりと共通しているものです。「何回教えても間違える」というところは、後々にも有効な情報となります。

❸どのぐらい時間がかかったか

ここでは、3つの意味合いがあります。1つ目は「教えるのに要した時間」です。これは、主にはトレーニーに説明をする時間と思っていただければＯＫです。２つ目は「習得するのに要した時間や回数」です。教えたことが、ちゃんとできるようになるまで何日かかったか、あるいは何回ぐらい実践する必要があったか、ということです。３つ目は教える準備にどれだけ時間がかかったか、です。資料を用意したり、現場の根回しをしたりと、教えるまでにやることや教えた後にかかる手間もあり、意外と時間がかかっているものです。これらの記録は、育成計画を組むときや日々のトレーニングプランを考えるときに大変有効な情報となります。

❹どんな言葉でモチベーションが上下したか

ＯＪＴは様々なコミュニケーションの塊です。伝えるべき内容よりも、伝え方、コミュニケーションの仕方次第で育成がうまくいくかどうかが決まるといってもよいでしょう。その中でも、モチベーションをどうやって維持するか、あるいは高めていくかということはトレーナーが常に考えなければならないテーマです。ちょっとしたひと言でモチベーションが上がることもあれば、こちらは何も意識しないのにトレーニーはガックリしてしまうこともあります。そのあたりの変化をもたらした言葉を、ちょこっとメモしておくだけでも、とてもいい情報となります。

❺どんな阻害要因があったか

育成計画もバッチリ、あなたの教え方もグッド、トレーニーのモチベーションもいい感じ、だとしても、何らかの理由で指導がうまくいかなくなることがあります。例えば、他のチームメンバーとの人間関係が悪化している、他の部署からチャチャが入る、トレーニーがお客様から直接叱られた、トレーニーが思っているほどボーナスが出なかった、トレーニーが家族やプライベートで問題や心配事が発生した、トレーニーの体調が悪い、などなどです。

こういうことは、発生が想定できるものとできないものがありますが、少なくとも「こういうことが起こると育成がスムーズにいかなくなる」ということを知っておくだけでも、随分と違うものです。また、必要に応じて上司や他のメンバーなどに、こういうことが起こらないように依頼をしてくこともできます。

これらのことをすべて記録できればベストですが、「そこまで細かくはムリ！」という方には、あらかじめチェックボックス形式で、ありそうな事柄を用意していて、それにチェックをつける、という方法もあります。全部の項目をチェックボックス化するのは難しいと思いますが、記録することが少しは楽になります。

◎進捗を上司に報告することの効果

ＯＪＴはれっきとした業務、それもこの先永きにわたって組織を支えていく人材を育て上げるという、責任の重い仕事です。

さらに、ＯＪＴの良し悪しによって定着率も大きく変わり、人事政策にも大きな影響を及ぼすものでもあります。

このようなことを踏まえて、ＯＪＴの進捗を上司に報告する理由を考えてみると、次の２つに絞られます。

・トレーナーとしての仕事を正しく評価してもらう

・ＯＪＴをやりやすくする

では、これらについて具体的に見てみましょう。

❶トレーナーとしての仕事を正しく評価してもらう

この本をここまで読んだあなたには、ＯＪＴトレーナーは、どれだけ大変な仕事なのかがわかってきたことでしょう。しかし上司は意外とそれを理解してくれていないものです。なぜなら、上司は、今あなたが取り組んでいるようなしっかりしたＯＪＴを受けたことも、トレーナーとして行ったこともないからなのです。

ですからトレーナーとして具体的にどういうことをやっているのかを「報告」してあげなければ、上司としてもあなたを正しく評価することができないのです。

例えば、

「〇〇のやり方を教えるのに〇時間使った」

「今週は現場同行を〇回行い、そのうち1回は、直帰の際に軽く飲んできた」

「〇〇について理解しやすくなるように、□□という資料を作った」

「〇〇についてトレーニーが一人でも仕事ができるようになるために、□□のリーダーに事前に情報提供し協力してもらうようにお願いした」

などなど、たくさんのことをあなたはトレーニーにやってあげているはずです。でも、上司の目の前で行っていること以外は上司にはわかりません。育成計画を承認していたとしても、具体的なあなたの活動までは見えないものなのです。

上司への報告は、日報のような普段書いている書類に書くよりも「指導記録ノート」を作ってそこに日記形式で構わないのでドンドン書き込み、それを週に1度程度上司に渡す、というやり方をオススメします。もちろんその際に育成計画も見せます。

日報に書き込んでしまうと、後で「あれ、ＯＪＴでいつ何をやったっけな？」と見返すときに非常に探しにくいからなのです。

ＯＪＴノートにまとめて書いておけば、教えたことや、どのように教えたのか、どれぐらい理解が進んだのか、トレーニーの様子はどうだったのか、などをすぐに振り返ることができます。それによって、同じことを重複して教えたりすることを避けたり、やり方をいろいろと変えてみるということもやりやすくなるのです。

また、この指導記録ノートがあれば、「トレーニングマニュアル」を作るときに大変役に立ちます。

❷ＯＪＴをやりやすくする

ＯＪＴはトレーナー一人の仕事ではありません。もちろん一番トレーニーに関わる役割なのがトレーナーですからＯＪＴの大部分の仕事はあなたがやりますが、ＯＪＴはチームや会社に必要な人材を育てるものでもあるので、あなたがすべてを抱え込む必要はないのです。

例えば、あなたが普段10の仕事量をこなしているとしましょう。そこにトレーナーとしての仕事が加わります。するとあなたの仕事量はおそらく12～15ぐらいには増えてしまうのではないでしょうか。それを一人で抱えては大変！　残業が多くなったり休日出勤が増えたりすることにもなるでしょうし、カラダばかりでなく心にも負荷がかかります。

ですから、チームの誰かに少し仕事を分担してもらうということも、ＯＪＴをしっかり行うためには必要なことです。また、指導テーマによっては他の部署や他のチームのリーダーにトレーニーを任せる必要がでてくることもあります。それを行うにはやはり上司を動かすことが必要。その時に、「ＯＪＴでどういうことをやっているのか」とか、「トレーナーにどれだけの負荷がかかっているのか」などを上司がわかっていなければ協力を得ることは難しくなります。

つまり、上司がうまく采配をふるって、トレーナー任せではなく「組織」としてトレーニーを育てる、ということをできるようにするためには、あなたからのこまめな報告が必要なのです。

もちろん、「自分がやるべき仕事を他の人に振るのは気が引ける」「この仕事は自分じゃないとできない」と思う気持ちもわかります。しかし、繰り返しになりますが「人材はチーム全体で育てる」というのが組織の基本です。あなたのサポート体制を準備するのは上司の仕事です。つまり、あなたの部署でトレーニーがちゃんと育つかどうかについて上司は会社から評価されるわけですから、ここはひとつ、上司にもしっかりと仕事をさせてあげてください。

第5章

このコミュニケーションテクニックで10倍育つ

◎しつこくコミュニケーションにトライする

ＯＪＴで活かせるコミュニケーションのさまざまな技術について説明を始める前に、トレーナーとしてのあなたに、ぜひ伝えておきたいことがあります。

それは

「トレーニーは、打っても響かない」

ということです。

トレーニーは、まるで管楽器のようです。あなたがいくら強く息を吹き込んでも、全く音が出ません。音が出ないからといってさらに強く吹くと、今度は予想もしなかったとんでもない音がでます。場合によっては壊れてしまうことさえあります。

まずは、あせらずに楽器を暖めること。トレーニーとの関係を徐々に暖めていく、ということです。

そのためにあなたがやるべきことは、しつこく、しつこく、しつっこくコミュニケーションを仕掛けるということしかありません。

たとえ、トレーニーの反応が薄くても、
たとえ、トレーニーがあなたが思っているような反応をしなくても、
たとえ、トレーニーがあなたを無視しても、
あなたがトレーニーにいろいろなコミュニケーションを、絶え間なく行うことで、だんだんとトレーニーとあなたの関係が温まってきて、いい音が出るようになります。

考えてみてください。あなたはまだトレーニーのことをよく知らないし、トレーニーもあなたのことをよく知らないのです。組織上の関係だけでの知り合い、人間的な関係はほとんどできていないわけです。

仮に、あなたが街を歩いていて知らない年配の人に「こんにちは」と声をかけられたとしたら、元気よく「こんにちは！」と応えますか？　おそらくは、顔を向ける程度だったり、良くて「はあ」と言う程度だったり、もしかしたらダダッとその場から走り去ってしまうかもしれませんよね。組織上の関係があるからそこまではないにしても、トレーニーだって、あなたが声をかけたときにいい反応をしてくれると期待しないほうがうまくいきます。あなたにとっても、そのほうがストレスにはならないでしょう。

でも、繰り返しますが、あなたのほうからコミュニケーションを取ろうとしなければ、

トレーニーとの関係は冷えたままです。いくらあなたが仕事についてのすごいノウハウを持っていてそれを伝授しようと思っても、十分には伝わりません。冷えた関係のままでは、トレーニーがあなたから学ぼうとする意欲や仕事に対する意欲が高まることは難しいものです。

ＯＪＴが効果を出すためには、しつこいコミュニケーションが必要であること、これからもずっと忘れないでいてくださいね。

◎こちらからこまめに声をかける

しつこいコミュニケーションの第１歩は、トレーニーにこまめに声をかけることです。声をかける、といっても、「よう」とか「やあ」とか「元気？」ということではありません。トレーニーが仕事で何か困っていることがないか、不安に感じていることはないかをキャッチできるようにちょっとした会話をするということです。

おそらくあなたはトレーニーに「わからない事があったらいつでも聞いてね」と、よく言っていることでしょう。あなたのそういう発言はとてもいいことですし、大事な気持ちだと思います。

でも、実際にわからない事をドンドン聞きに来るトレーニーは、1～2割程度です。「聞きに来たらラッキー！」というぐらいに思ってください。

だからと言って、トレーニーは何も疑問や不安を持っていないのかというと、本当は疑問や不安でいっぱいなのです。

「だったらどうして質問してこないのか？」と思う気持ちはごもっとも、僕もよ～くわかります。しかし先述したように、あなたとトレーニーの関係はまだ十分に温まっていないのかもしれません（あなたは温まっているつもりでも、向こうは……、ということもよくあります）。

そしてもう1つ、日本人は自分より立場が上の人に質問するのが、ナゼか苦手です。これについてはここで原因を考えても意味がないので「そういうものだ」と思ってください。

いずれにしても、トレーニーが積極的にこちらに話しかけてくることは期待せず、あなたの方からトレーニーにこまめに声をかけて、トレーニーの声を拾い集めるようにしてあげましょう。

さて「こまめに」ってどれぐらいだと思います？

僕のオススメは、1日少なくとも5回。何回声をかけるかを決めてしまうと、ちゃんとやることができるものです。毎日おんなじことを言ったって構わないんです。

タイミングとしては、次のようにしてみてはどうでしょう。
（1）始業時「さ、今日も1日がんばろう！　今日やる仕事で心配なことは、どんなこと？」
（2）昼休み前「お疲れ！　さて、午前中の仕事で気になったことを2つ言ってみて」
（3）15時頃「コーヒーでもどうだ？」「タバコ、いく？」
（4）夕方、定時30分～1時間前「さて、今日の自分の点数は何点だ？」
（5）タイミングは適宜「そうそう、昨日（あるいはこの間）話してた『気になること』は、その後どうだ？」
それぞれの話は5分ぐらいでサラッと終わらせるのが適切、長くても10分～15分ぐらいで終わるようにしましょう。そうしないとトレーニーは「先輩の話は長いからなあ。テキトーにかわしておこう」となってしまいます。

こういうのはダイエットと同じようなもので、一気に痩せようとしてたくさん運動してもダメ、疲れるだけで効果がないばかりかリバウンドもきてしまいます。１回の話は短く、でも毎日継続して声をかける、というのが原則です。

もし、どうしても話が長くなりそうなら、「この件、今じっくり話し合おうか、それとも別のタイミングにする？」とたずねます。別のタイミングにする場合は必ず日時をその場で決めましょう。

もちろん、トレーニーが話したそうだったらたくさん聴いてあげてくださいね。

◎トレーニーの特徴に対応する

「十人十色」とはよく言ったもので、本当に人はそれぞれに特徴があります。でも、それぞれって何が「それぞれ」なのか、あまり考えたことはないかもしれません。

トレーニーの特徴がわかっているとよりよいコミュニケーションが取れやすくなります

よね。でも、細かく分析するのは大変なので、まずは入り口としてタイプ化された特徴を参考にしてみましょう。

人をタイプ分けするにはいくつかの方法があります。あなたになじみの深いものとしては血液型や星座などかもしれませんが、ここではビジネスで使われているものの中でもわかりやすい方法をご紹介します。

■「社交性」×「即動性」による4分類

「社交性」：他者との関係を上手に作れるか、一人のほうが好きか

「即動性」：すぐに行動に移すか、慎重に考えるかトレーニーが

どのタイプの属するか、普段の様子から当てはめてみてください。

		社交性	
		高い	低い
即動性	高い	C	R
	低い	H	S

C：Captain（キャプテン、隊長）
R：Runner（ランナー、孤走者）
H：Healer（ヒーラー、癒し系）
S：Scientist（サイエンティスト、科学者）

■〈タイプC〉：目標に向かってみんなを引っ張っていく

【無意識のうちに大事にしていること】 自分がリーダーであること。

【長所】人と接することが得意。仲間を引き連れ行動する。チャレンジ精神旺盛。精神的にタフ。動きが速い。
【短所】独善的。メンバーが疲れる。慎重さに欠ける。ルールを無視する。
【このタイプは】目標に向かって主体的にさまざまなことに取組もうとします。自分に対しても厳しく、チャレンジが好きです。ただし頑固な側面もあり、また「自分は優れている」という無意識の自負があるため、トレーナー、先輩、上司などの指示を素直に聞かない側面があります。
【指導上のポイント】能力の高さを認める。トレーニーになめられないようにレベルの高い仕事をする。計画を大事にする。

■＜タイプＲ＞：一人でドンドン仕事をこなす

【無意識のうちに大事にしていること】目標を達成すること。
【長所】仕事が早い。覚えが早い。精神的にも肉体的にもタフ。目的意識が高い。困難を乗り越えられる。
【短所】何もかも一人で抱えてしまう。周りにペースを合わせない。天狗になりやすい。

【このタイプは】目的や目標達成を至上命題として取組みます。仕事の覚えも早いですし、ぐんぐん成長していきます。ただし、自己中心的な傾向（ワガママというより周りに合わせようとしない）があり、チームでの仕事が苦手な人も多いです。

【指導上のポイント】チームワークを意識させる。少し高めの目標設定をする。短いスパンの計画を立てる。

■＜タイプH＞：和を尊重し、ことに当たる

【無意識のうちに大事にしていること】揉め事を避けること。

【長　所】穏やか、人当たりがよい、独創性がある、規律を重視する。

【短　所】危機感が低い、決断力がない、周りに流される。

【このタイプは】おっとりとしていてトレーナーの指示にもよく従います。マニュアルや指示書に書かれていることをちゃんとやろうという意識が高いです。ただし、自分の意見を言ったり、自発的に行動したりするのが苦手なところがあります。

【指導上のポイント】リスクを負う。自分で考え決定する。いい意味での人との衝突を恐れない。

■＜タイプＳ＞：冷静かつ客観的に仕事に取組む

【無意識のうちに大事にしていること】完璧であること。

【長所】論理的。仕事が緻密。ミスが少ない。理解力がある。

【短所】ＫＹ。頑固。仕事が遅い。協調性が低い。

【このタイプは】クールでちょっとみんなとは違う目線で仕事を見る力があります。納得しなければ動きませんが、仕事の正確さのレベルは新人離れしていたりします。ただし、仕事として必要なＱＣＤ（品質・費用・納期）バランスへの関心が薄いため、なかなかアウトプットが出てこないということも起こりがちです。

【指導上のポイント】仕事上で重視する項目を明確に指示する。ＱＣＤのバランスを意識させる。周りの人との関係性を構築させる。

この４つのタイプは、あくまで「トレーニーを知るための目安」にすぎません。ですから、これにバシッと当てはめすぎるのではなく、参考として活用してみましょう。

◎「聴く」と「話す」はこんなバランスで

ＯＪＴでのコミュニケーションは学校や研修のように一方通行ではうまくいきません。いわゆる双方向コミュニケーション、つまりトレーナーも話すし、トレーニーも話すのです。ＯＪＴに必要なコミュニケーションは講義スタイルではなく「会話スタイル」であり、「会話を通じて人を育てていく」というのがＯＪＴが他の育成方法と大きく異なる点なのです。

❶トレーニーの理解度を測るために「聴く」

では、なぜ会話が必要なのでしょうか。

ＯＪＴはマンツーマンで教えるスタイルです。ですから、トレーニーの様子をかなり直接的に知ることができます。特に「教えたことをトレーニーがどれだけわかっているか」をトレーナーはほぼリアルタイムにキャッチすることができるのです。

トレーニーの理解が不十分な部分については、もちろんその場で修正をしたりアドバイスをすることも必要ですし、それをやるのがトレーナーの仕事でもあります。

しかし、大事なのは、「なぜ、トレーニーがそのような間違いをしたのか、なぜ理解が不十分な状態なのかを理解した上で、こちらの教え方を変える」ということです。そのためには、トレーニーとの会話が必須となります。トレーナーが一方的にしゃべっていては、理由をつかむことはできません。

また、トレーナーが一方的に話していてばかりでは、いくらマンツーマンでもトレーニーは集中して聞き続けることができなくなってしまいます。会話をしながらトレーニーが話す機会をたくさん作れば、集中力が途切れることも防げますし、会話を通じてより一層考えをめぐらせたり理解を深めたりすることにもつながります。

❷トレーナーの話を聞いてもらえるようにするために「聴く」

もうひとつ、これも覚えておいて欲しいのが
「自分の話を聴いてくれる人の話は聞こうとする」という法則です。ちょっとややこしいですが、つまりこういうことです。あなたが「トレーニーの話に耳を傾ける、トレーニーの疑問・不安・意見・提案などをしっかり聴くようにすると、トレーニーはあなたの指示

やアドバイスに対して聞く耳を持つようになる」というわけです。

つまり、あなたがトレーニーの話を聴こうとすればするほど、トレーニーもあなたの話を聴くようになり、指導もよりスムーズになるというわけです。

❸「教え上手」は「聴き上手」

僕が見ていて「教え方がうまいなあ」と思うトレーナーは、ほとんどが聴き上手です。トレーニーが話す機会をたくさん作っているのです。トレーニーが話す量が多くなれば多くなるほど、うまくいかない原因（あるいはうまくできている理由）がわかりやすくなります。そして原因と結果の関係を深いレベルで知ることができるわけです。トレーニーの考え、価値観、性格などもＯＪＴの早い段階でわかってきます。

逆に、トレーニーの話を聴かないトレーナーからはこういう愚痴をよく聞きます。「何度同じことを言ってもわからない。何回言っても同じミスを繰り返す」これは、当たり前だと思うのです。トレーニーの話を聴かないで「あいつはデキが悪い」というのは、間違いです。

トレーニーの話をたくさん聴くように変えてみてください。

では、どのぐらいトレーニーの話を聴けばいいのか。

１回の会話でいえば、あなたが「１」のボリュームを話したら、トレーニーが「３」話すぐらいのイメージです。１日の仕事が終わって「今日はトレーニーの話をしっかり聴いたな」という感じがしなければ、翌日はそれを挽回するぐらいに聴くボリュームを増やしましょう。

次に、何を聴けばいいか、ですが、大体は次のような内容です。

・やり方についてわからない事、わかっていること。
・トレーニー自身が今の状態をどう感じているか。
・不安に思っていること、楽しみに思っていること。
・やってみたいこと、やりたくないこと。
・仕事以外の雑談。

こういう話を聴いているうちに、トレーニーの問題点がはっきりしてきますし、それにどう対応すればよいのかも見当がつくようになるのです。そして、あなたのやり方があっているのか、間違っているのか、あなた自身へのフィードバックにもなります。さらに、トレーニーも「このトレーナーはホントに自分の話をよく聴いてくれるなぁ」と感じるようになり、あなたの話をしっかりと受け止めてくれるのです。

◎ほめる 叱る なぐさめる を使いわける

ＯＪＴにおけるコミュニケーションは、学ぶべきことを伝えるためだけのものではありません。トレーニーを「いかにやる気にさせるか」というのも大事な目的です。

トレーニーの心を動かすコミュニケーションとして、もってこいなのが「ほめる」「叱る」「なぐさめる」という方法です。

トレーナーとしてはこの３つを上手に使い分けて、トレーニーのやる気をドンドン引き出せるようにしておきましょう。

そのためには、まずそれぞれの目的を明らかにしたいと思います。

❶ほめる

トレーニーをほめる目的は「よい行動を定着させ、それをさらに強化させること」です。

人はほめられる事で嬉しい気持ちや誇らしい気持ちになるものです。ほめられる事で自信もついてきます。でも、OJT上の効果として注目すべきなのが「ほめられた人は、ほめられた事を続けよう、もっとできるようにしようと思う」ということです。

例えば「伝票の書き方がキレイだね」とほめられると、それ以降伝票を書くときは「キレイに書こう」とついつい思ってしまうものなのです。

❷叱る

「よくない行動や考え方を修正・改善すること」が叱ることの目的です。

叱られるのが好きな人はいません。トレーナーとしてもできれば叱らなくて済ませたいと思うものです。だからといって叱らないでおくと、トレーニーは誤った道を突き進んでしまいます。

叱るというのは、相手の気持ちを凹ませるものではなく、あくまで「軌道修正する」ためのものなのです。

❸なぐさめる

「凹んだ気持ちを平らにする」ということがなぐさめることの目的です。

思ったように自分が成長できなかったり、仕事でミスしてしまったときなど、トレーニーは落ち込んでしまうものです。その状態のままでは、指導がスムーズにいかないばかりか仕事や会社がイヤになってしまうことさえあります。トレーニーの折れた心を元にもどし、前を向いて進めるようにするのが、なぐさめる目的なのです。

それぞれの目的がわかったところで、次はその具体的な方法に移りましょう。

■効果的な「ほめ方」の3つのポイント

効果的なほめ方をお伝えする前に、大事なことをお話ししておきます。それは「トレーニーを注意深く観ていないと、正しくほめることはできない」ということです。

多くのトレーナーが「自分のトレーニーには、ほめるところなんて無い」と言います。

それは、トレーニーをしっかり観ていないからです。じっくり観ていないと、よいところが見えないどころか、悪い部分ばかりが目に付いてしまうものです。

「トレーニーはまだ幼い自分の子供」だと思って、うまくいっていることやちゃんとできたことをたくさん見つけてあげてください。

◇ほめ方のポイント１：「事実」を「具体的」にほめる

何がよかったのかを具体的にほめることで、トレーニーも「ほめられた」という実感がわきますし、ほめられたことを「続けよう」「もっとできるようにしよう」という気持ちにもなりやすいものです。コツとしては「ちょっとした文章にしてほめる」ということです。

＜NG例＞：「よかったね」「がんばったな」「いいじゃないか」

＜OK例＞：「お客様への○○についての説明がとてもわかりやすくてよかったよ」
「この資料の○○の部分に君のがんばりがあらわれているね」
「さっきの会議での○○という意見はとてもいい着眼点だったよ」

◇ほめ方のポイント2：タイミングを逃さずほめる

せっかくよいほめ言葉をかけても、タイミングがずれてしまっては十分な効果を発揮しません。基本的には次のようなタイミングでほめるように心がけてみましょう。

・ほめるべきことが起こったその時
（ただし、その場に複数の人がいる場合は全体への影響も考慮し後でほめることも）
・以前にもよい結果がでたことを再度指示する時
（「この前の資料もお客様がとても喜んでいたよね」など）
・個人面談などで今後の期待を伝えるとき
（「君の〇〇の能力を僕はとても評価しているよ」など）

◇ほめ方のポイント3：人を介してほめる

トレーナーが自分をほめていたことを人づてに聞くというのは、直接ほめるよりも大きな成長促進効果をもたらすものです。そのためには、日頃から周りの人にトレーニーのよいところをサラッと話すことがポイントです。「周りの人」とはあなたの上司、他の部門の管理者、お客様などです。ただし、トレーニーの同僚に「〇〇君はね」という、ほめ話をするのはご法度、聞かされた人が妬んだりひがんだりしてしまう可能性があります。

「部長、うちの○○君は見えないところでいつもがんばっているんですよ」

「御社を担当させて頂いている○○はまだ経験が少ないですが将来有望な人材です」

「うちのチームには○○君のようなメンバーがいるから、僕は安心していられるんだ」

■効果的な叱り方の５ステップ

叱るのはほめることよりも難しく、「トレーニーをキチンと叱ることができてこそ一人前のトレーナー」と言えるのではないかと思っています。

「叱る」ということは感情をぶつけるものではなく、トレーニーの成長を促すための『会話』であるということを肝に銘じておきましょう。

そのためには、叱るという会話を５つのステップに分けて行うと効果的です。

◇ステップ1：まず、NGな部分を「具体的」かつ「冷静」に「説明」する

「何が悪かったのか、なぜ悪かったのか」がわからなければ、反省も改善も生まれません。叱るときはつい感情的になりがちですが「トレーニーに説明する」というつもりで冷静に淡々と話をすることがポイントです。またNGと判断した基準が明確かつ公正で普段からブレがないことも大切です。

＜NG例＞：「なにやってるんだ！　こんな仕事の仕方じゃダメじゃないか‼」

＜OK例＞：「なぜこうなったのかは後でゆっくり聴くとして、今回の件は○○が□□となってしまったことで、お客様に△△という大変な迷惑をかけてしまったよね」

◇ステップ2：理由を聞いて、逃げ道を残しておく

NGを指摘したあとは、そうなってしまった理由を聞きます。理由を知ったからといってNGがOKになることはほとんどありませんが、理由を聞くことでトレーニーが「理由も聞かずに一方的に叱るなんて……」と、気持ち的にNGを受け止めなくなってしまうのを避けることができます。

さて、ＮＧを出してしまう原因の多くはなんでしょうか。それは「何かしらが不足している」ということです。例えば「注意不足」「経験不足」「情報不足」「考慮不足」などなど。トレーニーの話を聴いていれば何が不足していたのかが見えてきます。そこで、その不足状態が発生した原因をこちらからチラッと口にして「逃げ道」を示してあげる、逆に言うと徹底的に追い詰めることはしない、ということが大事です。これによってトレーニーは「トレーナーも少しはわかってくれている」と感じて、結果的に自分の非を認めやすくなります。例えば次のようなひと言です。

「知らなかったからといって許されることではないが、確かに君はまだ現場の経験が少ないからなあ」

「体調管理はキチンとすべきだが、熱があるとどうしても注意力が散漫になってしまうからなあ」

◇ステップ３：よいところをほめる

ステップ２でトレーニーが「うん、確かに自分が悪かった」と思うことができたら、次は「トレーナーは自分を認めてくれている、期待してくれている」ということを感じさせます。そのためには先ほど説明した「ほめる」というのが最高の手段です。

NGを出した出来事の中でも何かしらトレーニーががんばったところを見つけてほめる、あるいは普段のよいところをほめる、ということをしてみましょう。

「状況を聴いて、君が自分でなんとか解決しようとがんばったことはわかったよ」

「普段の君を見ていて、君が上昇志向なのはよくわかっているよ」

◇ステップ4：どうすればよいか考えさせる

トレーニーの中で「自分が悪かった、でもトレーナーは自分を認めてくれている」という土台が出来上がったら、その次は、改善や成長に向けての「変化」を促します。

ポイントは、「どうすべきか」をトレーナーが押し付けるのではなく「トレーニー自身に考えさせる」というスタイルの会話にすることです。そのためには「問いかけ」を使います。トレーニー自身に「どうするか」を言わせることによって、考えや行動の変化を起こしやすくするのです。

「今回のようなことを繰り返さないためには、どうすればいいだろう?」

「君の部下がいたとして、同じようなミスをしたらどのようにアドバイスをする?」

◇ステップ５：最後はいいムードで締めくくる

ミスや失敗は歓迎されることではありませんが、トレーニーを伸ばす大きなチャンスでもあります。叱るのはトレーニーの心を折るためではありません。「叱る」という会話を締めくくるときに、トレーニーが「よし、がんばろう」「今度はミスをしないぞ」という気持ちになることが大切です。

ですから、会話の最後は「応援する気持ちで送り出す」という雰囲気にするためのひと言を発するようにしましょう。

「よし、じゃあ気分を一新してまたチャレンジしてみよう！」

「今日はいい会話ができてよかったよ、ちゃんと受け止めてくれてありがとう。これからも期待しているよ」

「今夜は旨いものでも食って、明日一緒にお客様に謝りに行こう！」

■効果的ななぐさめ方

なぐさめるときのコツは、「相手の話をスポンジのように受け止める」ということです。基本的には、相手の話をウンウンと聴いてあげればよくて、ときどきこちらが話す程度にします。会話のバランスで言えば、聴くが「9」で話すが「1」程度です。

ですから、なぐさめるのは「ほめる」や「しかる」に比べて、かなりシンプルです。でも、それでいいのです。シンプルなコミュニケーションこそがなぐさめのコツだからです。

<動作としてやること>

・隣に座る
・ただ「ウンウン」と聴く
・何も言わずそばにいる
・肩に軽く手をかける
・軽く手をにぎる（女性が女性に）
・ゆっくり頭をなでる（女性が女性に）

＜言葉をかけるとしたら＞

・共感の言葉をさりげなく

「ほんとにそうだね」「私もそう感じるわ」「俺だったらもっと凹むなあ」

・自分が支えることを示す言葉をかける

「力になれることは何でもいってごらん」「一人で抱えないで気軽に相談してきなよ」

・「大丈夫」と言う時は必ず根拠も添える

「君は○○が得意なんだから大丈夫だよ」「あのお客さんがキツく言うのはあなたを信頼しているからよ、私も経験あるわ」

・一瞬だけ相手よりも強く憤る（相手が誰かに怒っている場合）

「君が言わないなら、僕が部長に抗議してくるよ！」「そんな理不尽な事、許せないわ！徹底抗戦よ！」

＜やってはいけないこと＞

・相手の非を責める

・憶測で意見を言う

・問題を解決しようとする
・スマホをいじりながら話を聞く

第6章

学ぶ意欲を持たせる方法

◎「指示待ち人間」にしないためにやるべきこと

生まれながらの「指示待ち人間」というのは、本当はあまりいません。大人になっていくうちに、「知らず知らず指示待ち人間にされていく」というのが正しいと思います。

そもそもなぜ指示待ちになるのか、その理由を考えてみましょう。

人は誰でも、怒られたり失敗をしたりするのは好みません。

怒られたり失敗したりしないようにするためには「言われたことだけをやっていればいいし、言われた以外のことはやらないほうがいい」と人は思います。簡単な理屈です。

また、よかれと思って自発的に何かをやって失敗したときに、ひどく怒られたり、自発性そのものを否定されたりした経験も指示待ち度を高める要因となります。

ですから、あなたのトレーニーを指示待ちにしない、あるいは指示待ちから脱却させるためには、「指示しなくても自発的に何かをやったときに、正しいリアクションをする」ということです。

❶「指示以外のことをやってみるように」とちゃんと話す

トレーニーはあなたに指示された以外のことを自発的にやる勇気は持っていません。だから、あなたが待っていても、自発的に何かをするということはまずないでしょう。

トレーニーを「指示待ち人間」にしてしまわないために、あなたがまずやるべきことは、「指示されたこと以外で、なにか自分で考えてやってごらん」という「指示」を出すことです。

指示を出す際には、ある程度のヒントを出してあげたほうがいいでしょう。例えば「○○の仕事をもっと早くするにはどうするといいか」「手待ち時間が30分あるとしたら、そのときに何をするとチームのためになるか」などです。

また、「何にせよいきなりやらせるのはおっかない、トレーニーもまだそんなに具体的には動けそうもない」、ということであれば、「何をやってみるか考えて、教えてくれ」というところからスタートするのもよいでしょう。

念のために付け加えておくと「指示された以外のこと」ということを「指示を無視して」と誤って捉える人も稀にいますので、そういう誤解をしないように注意してください。ある会社で「お客様がお帰りになるので、タクシーを呼ぶように」と指示されたトレーニーが「よし、指示された以外のことをやってみよう」と、配送用のトラックに乗せようとしたということがありました。まぁ、それで彼は一躍有名人にはなったのですが（笑）

❷トレーニーが「考えたこと、やってみたこと」、そのこと自体を盛大にほめる

考えたことがイマイチだったり、やったことが失敗だったりしても、それを叱るのはお門違いです。うまくいかなくて当たり前ですから、笑って済ませるぐらいにしてください。大事なのは「自発的な動きをしたことを、しっかりとほめる」ということです。

そのときのポイントは「私は嬉しい」というメッセージを必ず入れることです。これによって、結果ではなくやってみたこと自体がよいことなんだ、ということがトレーニーに伝わりやすくなります。ここは照れずに盛大にやりましょう。

「今回はうまくいかなかったけれど、あなたがこうやって、やってみてくれたことは、すごいと思う。嬉しいなぁ。次はどうやったらうまくいくか、一緒に考えてみよう」

「あなたがやってみようとしていること、なかなか面白い着眼点だね。いい感じだと思うよ。どんな風に考えてみたのか、詳しく聞かせて欲しいな」

ちなみに、失敗を想定して事前に対策を取っておいたり、すばやく善後策を実行したりする事がトレーナーの腕の見せ所です。

❸どのぐらいの頻度で「自発的にやるか」を指示する

自発的にやりなさいとあなたが指示を出し、その結果をほめることを続けていると「自発的にやることが、いいことなんだ、大丈夫なんだ」という感覚がだんだんとトレーニーについてきます。

でも、あせってはいけませんよ。「指示待ちのほうが安心」という気持ちは何年もの積み重ねで出来上がっているものですから、そう簡単に抜けません。何度も何度もやらせてみてほめてあげて、そしてやっと少し「指示待ちモードが薄れてくる」という程度です。

ですから、いきなり大きな期待をしてはいけません。しばらくは「自発的にやる」という指示を出し続けてあげてください。

そうはいっても、しょっちゅうその指示を出すのも大変でしょうから、どこかのタイミングで

「だいぶ自発的にできるようになってきたから、これからは毎週1つは、指示しないで

もなにかをするようにしよう」

という話をします。

はじめは1つ、徐々に増やしていけばOKです。さらに、これを育成計画の中に盛り込んで、トレーニーと一緒に確認していくようにすればばっちりです。

◎こうすれば「応用不可」が防げる

「これができるようになったんだから、きっとあれもできるだろう」というのは、トレーナーにありがちな思い込みです。そういう思い込みのもとに「これはやれそうだ」ということをやらせて、うまくいかなくて「何でできないんだ！」と叱ることになってしまうわけです。

これ、トレーニーにしてみたらたまったものではありません。なにせ、ちゃんと教えてもらっていないことをやらされて、それで「なぜできない！」と叱られるわけですから。

そもそも、「応用できる」というのはどういうことが必要かと言うと、学んだ事柄の本質や手順や核となる部分をちゃんと理解している、ということなのです。

いわゆるマルチタレントという人がいます。例えばビートたけしさん。お笑いはもちろん、シリアスな演技もできる、映画監督だってできてしまいます。これはなぜかと言うと「観客が求めているものの本質を知っている」からなのです。それができれば、あとは表現を変えるだけ。これが応用力です。

仕事も同じで、今やっていることを知っている、できている、だけでは応用ができません。それは単に手順を知っているだけかもしれないし、無意識のうちにできるようになってしまっているからかもしれません。

応用できる人材を育てるためには、やっている仕事や作業について、キチンと理解するクセをトレーナーがつけさせてあげなくてはいけません。うわべだけの理解ではＮＧということです。

そのためには、重要なファクターや他の仕事や作業と共通する部分について「なぜ、それを行うのか、なぜそうやるのか」をシッカリ説明し、かつ理解度を確認して完全に理解できてから次のステップに進む、ということを徹底することです。

それから、今やっている仕事や技術が応用できると仕事や技術について、

「いま学んでいることは○○にも応用できるんだけれど、どういう点が似ているからだと思う？」

というように考えさせてみるのもよいでしょう。

また
「いま学んでる事と似ている仕事はなんだろう？」

というような問いかけもよいですね。

ただし、知識や経験が無い対象について質問すると、まったくわからないだけで、学ぶ意欲もなくなってしまいますから、そういう場合は、トレーナーがちゃんと説明してあげましょう。

しっかり考えさえるための問いかけの作り方は、この後の項で紹介していきます。

◎問いかけを上手に使う方法

学ぶ意欲というのは、「学ぶ意欲を持て」と言っても高まるものではありません。自ら「仕事を覚えるのは楽しい、新しいことができるようになるのはウレシイ」という感覚を得ることで、ひとりでに高まるものです。

その「できた感」は実際に仕事ができるようになったときに得られるものですが「指示された通りにやってできた」ではあまり強い「できた感」は得られません。

「できるようになったことに対し、自分が関与している」という感覚を伴ってこそ「学ぶ楽しさ」が倍増され、学ぶ意欲が高まるのです。

❶問いかけは最強のツール

その「自分が関与した」ということを感じさせるためのコミュニケーションの１つ、そして僕がＯＪＴにおいて最強のコミュニケーションツールだと思っているのが「問いかけ」、つまり質問をすることです。

人は面白いもので、誰かに何かを問いかけられると、そのことについてついつい考え始めるのです。ちなみに、どんなことを「問いかける」とトレーニーの学ぶ意欲が高まると思いますか？


と書くと、ほら、「うーん、なんだろうなあ〜」と考えたでしょ？

もし目の前に僕がいたら、きっと僕にそのことを話してくれたことでしょう。

このように問いかけをすると「自分で考える」という行為が伴うので、何かを指導する際に起こりがちな「やらされ感」や「押し付け感」が少なくなるのです。

さらに、自分が考え、話すことによって、自信が出て来たり、徐々にやる気になってきたり、行動に対するモチベーションが上がりやすくなるのです。

この本の中でも、あちこちに「問いかけましょう」ということを書きましたが、基本的にはこの節で紹介するやり方をベースにしてみてください。

ところで、「質問」という言葉はどうも事務的な感じ、威圧的な感じ、義務的な感じがしてしまうので、ここでは会話的なイメージである「問いかけ」ということばを使っていきます。トレーニーに対して「答えて」ではなく「教えて」「話してみて」という姿勢で使うということです。

❷「問いかけ」はトレーニーが考え、話すためのもの

さて、問いかけの方法をお話しする前に、1つとても大事なことをお伝えします。

それは、これからお話しする問いかけは「こちらが何かを知るために発する質問ではない」ということです。

別の言い方をすれば「『問いかけ』を使ってトレーニーが考えてしゃべることのキッカケをつくることが目的」であるということです。知るための問いかけと、話させるための問いかけはとても大きな違いがあります。

あなたは「普段から、自分はトレーニーにいろいろ問いかけをしているつもりなんですが」と思うかもしれません。でもおそらくその問いかけは、あなたが何かを判断したり決定したりするためのものが多いのではないでしょうか。

考えさせたり話させるための問いかけは「会話の主役はトレーニーである」ということを忘れないでください。

❸学ぶ意欲を高めるのに効果的な問いかけの作り方

（1）拡大化要素

拡大化要素とは、その問いかけによって相手の答えが広がったり、たくさんの言葉を使って説明するようになる要素を指します。簡単に言えば、4W2H、つまりWhat（何）、When（いつ）、Where（どこで）、Who（誰が）、How（どのように）、How Much（どれぐらい）です。

拡大化要素が入らないと、限定的な問いかけになってしまいます。限定的な問いかけだと、相手が「ハイ・イイエ」などで簡単に答えられるので話が広がりにくいのです。

＜拡大化要素を盛り込んだ問いかけの例＞（カッコ内は拡大化要素が入っていない場合）

・それを解決するにはどのようにすればよいと思いますか?
（それを解決することができると思いますか?）
・そのことについて、どのように考えますか?
（そのことについて、xxというふうに考えませんか?）
・それは、どういうことですか?

（それは、ｘｘということですね？）

さて、「あれ、Ｗｈｙ（なぜ）は使わないの？」と思ったかもしれませんね。そうなんです、あまり使わないのです。

Ｗｈｙは、文法上は確かに問いかけの形です。しかし普段わたしたちが使っているＷｈｙは、実は相手を責めるときによく使ってしまうことが多いものです。

例えばこんなふうに……

「なぜできないんだ！」

「どうしてやらないんだ！」

「どうしてそういうことを言うんだ！」

「なんでこういう結果になったんだ！」

そのため「なぜ？　どうして？」と問いかけられると、トレーニーは責められているかのような感覚を抱いてしまうことが多く「前向きな会話にするために問いかける」という目的から外れてしまうのです。

そこで、できるだけＷｈｙを使わず、ＷｈａｔやＨｏｗに変えて質問をききます。例えば

「そういう結果になった原因はなんだと思う？」

「どういう背景でその意見に辿り着いたのかな？」

という具合です。

(2) 未来化要素

これから先のことについて話せるようにするのが「未来化要素」です。OJTでは、確かに過去を見ることも大切ですが、この次に説明する「ポジティブ化要素」と合わせてこの先の目標や状態を意識することにより、トレーニーのポジティブな意識や行動につながり「学びたい」という意欲がアップしやすくなります。

＜未来化要素を盛り込んだ問いかけの例＞（カッコ内は過去化要素の例）

・xxを改善するために、あなたがこれからできることはどんなことですか？
（xxがどうなればよかったと思いますか？）
・これからは、どうしたいですか？
（いままでは、どうだったんですか？）
・今期中に作り上げたい成果について、聞かせてください。

（これまで作ってきた成果について、聞かせてください）

なお、ここでは未来化の要素を明確にするために未来化要素となる言葉を書いていますが、会話の流れや文脈上、未来化要素を盛り込まなくても、これから先のことを問いかけているというのがわかるのであれば、それでＯＫです。

（3）ポジティブ化要素

手に入れたい状態、実現したいこと、望む結果について話せるようにするのがポジティブ化要素です。ネガティブな部分に目を向けるより、ポジティブな部分に目を向けたほうが、成果を上げるための発想が生まれやすくなり、やはり学ぶ意欲の向上につながっていきます。

＜ポジティブ化要素を盛り込んだ問いかけの例＞（カッコ内はネガティブ要素にした場合）

・どうすればｘｘできると思いますか？

（なぜｘｘできなかったんですか？）

・今回のミスから学んだことはなんですか？
（今回のミスで失ったものは何ですか？）
・どうすれば、うまくできると思いますか？
（ほんとうに、うまくできると思いますか？）

◎こうすれば「考えさせる問いかけ」になる

問いかけの基本的な作り方がわかったところで、今度は目的別にその応用例をお伝えしましょう。

まずは「考えさせる問いかけ」です。

先ほども説明したように、問いかけること自体で、トレーニーは考えるようになるのですが、より一層「考えさせる」ということになりやすくするためには、いくつかのポイントがあります。

❶考えやすい大きさにする

考える対象の大きさを、適度なサイズ（＝イメージしやすいもの）にすることによってトレーニーは考えやすくなります。

例えば、「仕事とはどうあるべきか？」という問いかけは、仕事というものがまだよくわかっていないトレーニーには考えるべき範囲が広すぎます。そこで、問いかけの内容を細分化したり、ちょっとしたヒントとなるようなひと言を入れると、イメージする対象が狭まり考えやすくなるのです。

仕事を細分化→「お客様相手の仕事のときに大事にすべきことはなんだろう？」
「総務のような社内的な仕事のときはどうだろう？」
「生産現場のようにものづくりの仕事だったらどうかな？」

ヒントを追加→「仕事に三原則があるとしたら、どういうものだと思う？」

❷抽象化させる

あまり細かいことばかりを考えさせると、全体像が見えなくなってしまったり、本質的なことが抜け落ちてしまったりすることがあります。そういう時は、いっそザクっと抽象的に答えさせるという問いかけも有効です。そのために使えるキーワードには「ひと言で言うと」「イメージは」「印象」などがあります。

「お客様相手の仕事のイメージってどんなもの？」

「お客様相手の仕事をひと言で表すとしたら、どうなる？」

ただし、これはある程度トレーニーに経験や知識がついてきた頃でなければ、問いかけられてもポカーンとしてしまいますから要注意です。

❸他のものに例えさせる

ある事柄（Aとします）を他の事柄に例えるというのは、そのAをきちんと理解していなければ正しく例えることはできません。例えるためには、Aを支える原則や論理と、例えるものとの類似点がマッチしなければならないからです。ですから「例えさせる」というのは意外と思考がグルグル廻るものなのです。

「会議に遅刻をして迷惑がかかることを、他のケースに例えてみるとどうなる？」

「この仕事で○○に注意をするということは、他のどの仕事に似てるかな？」

そして、必ず例えた理由も尋ねてください。あなたがそれを聞いて納得できれば、トレーニーはその事柄についてかなり理解しているし、応用もできると考えてよいでしょう。

❹視野を広げる

トレーニーはどうしても目の前の事に集中するので視野が狭くなりがちです。しかし、一人前になるにはいろいろな視点で仕事に取り組めるようになることが必要ですよね。そこで、視野を広げるようなひと言を入れて問いかけをしてみましょう。

視野の広げ方としては次のようなものがあります。

客観視（赤の他人、知人、世の中全般）、立場の違う人、性別、年齢・年代、業種・職種、地域や文化、現在・過去・未来などです。

「あなたの仕事の様子を、もしいまここでお客様が観ていたら、どう感じると思う？」

「君の目指している仕事のクオリティーは、うちの会社のトップエンジニアと比べてどのぐらいのレベル？」

「この仕事の結果が３ヶ月後にどういう形になると思う？」

❺ 数値化

数値化して答えるように問いかけることで、より具体的に考えるようになります。このような問いかけを日頃の指導の中で頻繁に使うことで、トレーニーに「仕事に曖昧さは許されない」という意識を持たせることもできます。

日付や時刻も数値化の1つとして使うことができます。

「今日の仕事の出来栄えを10点満点で表すと何点？」

「この操作を経験するのは、これで何回目？」

「この書類の書き方は、あと何日で完璧にできるようにする？」

❻ 極大化

視野を広げることと少し似ていますが、物事を極大化して考えることで結果や現象などが強調され、そのことの意味をより深く考えることができる場合があります。特に、重要性を考えさせるときなどに効果的で、数値化と組み合わせればさらに具体的になります。

「1週間で1つの商品についての知識を完璧にすることを3年間続けたら、どれだけの商品についてのエキスパートになれるかな？」

「このやり方をすれば、操作が1分早く終わるんだ。仮に君が関わるすべての操作にこの方法を取ったとしたら、毎日何分浮くと思う？」

❼問いかけ返し

あなたの問いかけに対しトレーニーがあなたに質問をしてくることがありますよね。それに対して、ストレートに答えるのもアリなのですが「問いかけ返し」のワザを使って、トレーニーにシッカリと考えさせるようにすることもできます。

これを時々やっていると、トレーニーに「まずは自分で考えないといけないんだな」という意識をつけさせることができます。

「もし、君が後輩にそれを質問されたらどう答える？」

「その質問に対して、僕はどう答えると思う？」

「その質問は、何がキッカケで浮かんできたんだろう？」

❽万能の問いかけ

ほかにもいろいろな「考えさせる問いかけ」の方法がありますが、最後に極めつけのジョーカーをお教えしましょう。

それは、トレーニーがこちらの問いかけに答えた後に、次のセリフを言うのです。

「それで？」「それから？」「あとは？」「ほかには？」「だから？」「ということは？」

トレーニーは、これを言われたらさらに考えなければなり、脳に汗をたくさんかかせることができます。さらに「いい加減に答えてもトレーナーは許してくれない」という、トレーナーとしての厳しさを感じさせることもできるのです。

このとき、あなたはにこやかにこのセリフと言うと、追い込んでいるという感じが薄れて、トレーニーが答えやすくなります。また、これらのセリフの前に、トレーニーの答えを肯定するひと言を添える事もポイントです。

トレーニー「○○の資料はこのように作るといいはずです」

トレーナー「うん、そうだね。それで？」

トレーニー「え、それでって……。えーっと、たぶん□□ということに注意して作らなくてはならないんですよね」
トレーナー「そう、その通りだ、いいじゃないか！　で、ほかには？」

◎「気持ちを前向きにする問いかけ」とは

問いかけをうまく使うと、トレーニーの気持ちを前向きにし、モチベーションアップにつなげることもできます。

そのための問いかけの切り口をいくつかご紹介しましょう。もちろん、前述した「考えさせる問いかけ」を組み合わせてもＯＫです。

❶うまくいったことに目を向けさせる

「うまくいったこと」「人から認められたこと」「達成感があったこと」「得意なこと」な

どを話していると、自然と気持ちが前向きになるものです。

こういう問いかけは、何かを指導しているときよりも、移動中や食事中など、雑談的な会話の中で、さりげなく盛り込むのが効果的です。「ところで」とか「そういえば」という感じで問いかけるとよいでしょう。

「ところで、○○君は、得意なことってなんなの？」

「そういえば、先週の仕事の中でうまくいったことってどんなことだった？」

❷明るい未来の話をさせる

自分にとっての明るい未来の話をするのも、自然と気持ちが前向きになるものです。これも、さりげない会話の中に盛り込むのがひとつの方法ですが、指導しているときでも使えます。プライベート寄りのことであれば雑談中、仕事寄りのことであれば指導中、というふうにしてみましょう。

また、「未来」とはいっても、何年も何十年も先の話と限ったことではありません。極端なことを言えば、「今夜」や「明日」も未来です。あまり難しく考えずに、「これから先のこと」という程度でOKです。

問いかけの切り口は「夢」「やりたいこと」「手に入れたいこと」などです。仕事でもプライベートでもかまいません。

「○○さんは、どんな夢を持ってこの仕事を選んだの？」
「ねえねえ、ボーナスが入ったら、何に使いたい？」
「5年後にはどんな先輩になっていたい？」
「どのぐらいの規模の案件を扱えるようになったら一人前だと感じる？」

❸リソースを探す

「明るい未来の話」に関連するのがリソース（資源）です。

明るい未来の話をしていながらも、「そうはいっても、そんなのはムリだよなぁ」という気持ちがあっては、前向きになったり学ぶ意欲が高まったりはしません。

そこで、「それ、実現しそう！」ということを感じるためのリソースを探す問いかけもするわけです。

リソースとなりうるのは「自分の経験や能力」「自分のこれからの成長」「他の人からのサポート」「時代の流れ」「偶発的なチャンスが訪れる可能性」などです。

このなかでも、特に「自分でコントロールできるもの」は強力なリソースになります。なぜなら、他力本願だと自分は受身で何もできませんが、自力本願なら自分が動くことで可能性はドンドン開けるからです。

「君のどういう能力を高めたらそれができるものなの？」

「それを実現するのに、君のどんな経験が役に立ちそう？」

「それを手に入れるのを手伝ってくれる人って、どんな人がいる？」

リソースはできるだけたくさんあったほうがいいもの。トレーニーと一緒にたくさん見つけるように会話を進めていきましょう。

■トレーナーはここに注意

トレーニーの明るい未来は、必ずしもあなたにとって興味を引く話ではないかもしれません。だからといって、面白くなさそうな反応をしてはNG。トレーニーにとっては何気ない会話でも、あなたは「トレーニーを指導する」という仕事の一環として会話をしていることを忘れてはいけません。「へ〜！」「そうなんだ〜！」「いいねえ、それ！」と必ず「！」

がつくようなリアクションをしてください。不思議なもので、そう反応しているうちに、あなたもほんとに「いいね！」と思うようになるものです。

それから、問いかけはあまりきつくしないこと、畳み込むようなことはしないこと。これも注意して欲しい事柄です。問いかけは、あくまで会話が回りだすための弾み車の役割なので、トレーニーがイイ感じで話し出したら、あとは流れに乗って会話を続けていけばOKです。

また、会話が弾むのはいいのですが、いつの間にかトレーナーの話にすり替わってしまわないようにすること。あくまで、トレーニーに気持ちよくしゃべることがトレーニーの気持ちを前向きにする効果をもたらすのです。

もしトレーニーが何か失敗をしたりした後で落ち込んでいるようなら、ムリに問いかけはしないようにしましょう。気持ちを開放してから出なければ、前向きなことは考えられないもの。そういう時は、第5章でお伝えした「なぐさめ」のテクニックを使ってあげてください。

◎「行動したくなる問いかけ」とは

トレーニーには「もっとシッカリ出来るようにしよう」「こうすれば上手に出来るかもしれない」という気持ちをたくさん持ってもらいたいものですよね。

気持ちを前向きにする問いかけでトレーニーをこういう気持ちにさせることができたら、次は「具体的な行動」に移りやすくなる問いかけを投げかけていきましょう。

❶具体的な「状態」を明確にさせる

先述した「考えさせる問いかけ」を使って、どういう状態になっていれば自分の明るい未来に近づくのかを、より具体的にイメージさせます。そのとき、「明るい未来」と「仕事を覚える」ことをリンクさせるような問いかけにするのがコツです。

「その夢に近づくには、今の仕事がどんな状態でできるようになるといいんだろう?」

「海外旅行って、ボーナスをどれぐらいもらえたら行けそう?」

「周りに迷惑をかけないで長期休暇を取れるようにするには、チームメンバーとどういいう関係が作れているといいんだろう?」

❷具体的な「アクション」を問いかける

どんなアクションを取れば「明るい未来に近づくのか」を問いかけます。できるだけ具体的になるように、「考えさせる問いかけ」をうまく織り交ぜてくださいね。

「その状態になるために、仕事で何を学んでいけばいい?」

「君がそれを手にするために、一番効果的な行動は何だろう?」

「ボーナスが増えるために、まずやるべきことは何だと思う?」

❸「トリガー」と「エナジードリンク」を考える

明るい未来について気持ちよく話し、具体的な方法も考えていくと、気持ち的には「やってみたい」「チャレンジしてみよう」という状態にだいぶなっています。

こういう状態になったトレーニーは表情が随分と明るくなっているはずです。

あとはトレーナーが上手に背中を押すだけ。ダイレクトに「やってごらんよ」という方法もありますが、ここではせっかくですから問いかけを使う方法をお伝えしましょう。

＜トリガーを考えさせる問いかけ＞

「いつからやってみる?」

「どんなときにやってみる?」

「どういうキッカケでスタートするのがよいだろう?」

さて、ここでもうちょっとトレーナーらしい問いかけもできるようにしておきましょう。それは「三日坊主」にならないようにどうやってそれを継続するかも、問いかけておくのです。やると決めた事を続けていくためのエナジードリンクのようなものですね。

＜エナジードリンクを考えさせる問いかけ＞

「どうすれば、途中で挫折しないだろうね?」

「僕（トレーナー）にどんなサポートをして欲しい?」

「くじけそうになった時に支えになる言葉は何がいいと思う?」

◎学ぶ意欲を持たせる実地指導法

❶トレーニーの成長を喜ぶ

トレーナーという役割はかなりのハードワーク、仕事も増えるし責任も大きいものです。正直なところ「めんどくさいなあ」と思いながら指導するときもあるでしょうし、トレーニーに対して「なんでこんなことができないんだよ！」と思うこともあるでしょう。

それは仕方のないことだと思います。顔に出すなと言っても、出てしまうこともあると思います。時には声を荒らげたり、あからさまにイライラしてしまったりとかも……。

トレーナーだってまだまだ成長過程の人間ですから、そういうこともあります。でも、指導に苦労すればするほど、トレーニーがうまくできたときやちゃんと理解したときなどは、嬉しい気持ちになるものですよね。そういうトレーニーの成長を素直に喜ぶ気持ちを大事にしてください。そして、それをトレーニーにドンドン伝えていくことも行いましょう。

「お、ミスなくできるようになったじゃないか！　やったな～！」

「がんばって覚えてきたわね、私も嬉しいわ！」

こういう言葉をストレートに言ってもらうと、トレーニーも「もっとがんばろう、ちゃんとやろう」という気持ちになり、学ぶ意欲が高まっていくものです。

❷開始と終了をはっきり伝える

何かの指導をスタートする際は、「これから教えるよ」ということをハッキリと伝えてから行います。そうすることで、トレーニーは「学ぶモード、教わるモード」になるのです。そして、ひと通りの指導が終わったら「ここでひと区切り終わり」ということを言います。

トレーニーは、学ぶ姿勢を強く持っていればいるほど、肩に力が入っているものです。そうはいってもトレーナーがそばにいる間中、ずっと集中していることも難しいでしょう。ですから、開始と終了をハッキリと伝えることで、トレーニーは指導中ちゃんと集中することができ、指導もスムーズになります。

トレーナーとしては「すべてが学ぶべきことだ」と思うのは当然だと思いますが、それについてこられないトレーニーがたくさんいることも事実です。大事なところで集中力が途切れて学びが不十分になることが続くと、トレーニーとしてはモチベーションが下がってしまいますし、仕事ができるようになるまで時間もかかります。指導がうまくいかなければ、あなたもいい気持ちではないですよね。ですから、「そこまでするのか」と思うかもしれませんが、開始と終了をハッキリと伝える、ということをやる価値はあるのです。

＜開始の声かけ例＞

「こらから言うことは大事なことだから、しっかり覚えるんだよ」

「これから一緒にやってみるから、まずは流れを理解するようにしよう。」

＜終了の声かけ例＞

「OK、ではここでひと通りのことはおしまいだ」

「はい、ここまで。お疲れ様！」

「じゃ、いままでのところを自分で振り返っておいてくれ。5分後にまた話をしよう。」

❸これでもか！というぐらいに具体的に指示をする

指導の一環として、トレーニーに何かの作業をさせるということは頻繁にありますよね。その際、中途半端な指示はトレーニーを混乱させるので、細かい単位で具体的に指示を出すようにしてください。「このぐらい言わなくてもわかるだろう」というのはトレーナーの希望的観測です。「トレーニーは何もわかっちゃいない」という前提で指示してあげてください。特に、ＯＪＴの初期や新しい指導テーマに取り掛かる際は「そこまで言うのか」というぐらいにやってみましょう。また、少し作業に慣れてきたら、指示すべきことを「質問」という形でトレーニーに言わせるようにしていきます。

＜指示をする事項＞

・作業の内容、目的、注意点など
・この作業において学ぶべきこと、大事にすべきこと
・作業に必要な資料やツール、作業場所など
・どういうレベルで仕上げるのか（正確さ、見栄え、わかりやすさ など）
・いつまでに行うのか（何時何分までに、○分間で など詳細に）
・どのタイミングで、誰の確認や承認を得るのか
・同じ作業を複数回行う場合は、1回目が終わった段階でトレーナーの確認を得るようにすること
・ミスをしたり、わからなくなった場合は、ためらわずにトレーナーを呼ぶこと
・誰かに別のことを指示された場合の優先順位

など

❹実地指導の基本的な流れをパターン化する

目の前でトレーニーに指導するときの基本は、次の通りです。

（1）これから教えることについて説明する（育成計画との対比も含む）
（2）トレーナーがやってみせる
（3）トレーニーからの質問を受ける。また、理解度も確認する
（4）トレーニーにやらせてみる
（5）間違いを指摘する
（6）よかったところをほめる（スキル面、意欲面の両方）
（7）トレーニーからの質問を受ける
（8）習得度に応じて、2もしくは4にもどる。あるいは指導を終了する。

どのような指導テーマにおいても、この流れを原則として行うようにしましょう。そうするとトレーニーも学ぶ手順に対しての混乱がなくなり、集中して指導を受けやすくなり学ぶ意欲の低下を防ぐことができます。

❺メモを大事にする

指導した事柄をメモに取らせることはとてもよいことなのですが、そのメモを「トレーナー」が大事にすることで、いっそう効果が高まります。具体的には次のようなことをやるようにしてみてください。

・メモした内容をトレーナーがその場ですぐに確認し、不備や誤解があれば修正する。
・メモした内容を説明させる。
・メモの通りにやらせてみる。
・以前メモに取らせたことがある事項は、そのメモを再度一緒に見る。

❻教えたことは記録しておく

ＯＪＴではたくさんのことを教えるので、「いつ何を教えたか」を記憶しておくことはかなり難しいものです。ことによると、一度教えたことを、また始めから教えてしまうこともありえます。そういうことが起こると、トレーニーは「なんだ、教えたことを忘れてるんじゃん、いい加減だなあ」となって、学ぶ意欲が下がってしまいます。

そのようなことを防ぐために、「指導記録ノート」をつけるようにしましょう。記録といっても堅苦しく書く必要はありません。「何月何日」に「何」を「どうやって」教えたか、トレーニーの習得度はどのぐらいだったか、気になったことはなにか、ということを、あなたが見返して思い出せる程度の細かさで書いておけばＯＫです。

❼育成計画と対比しながら教える

育成計画と対比しながら、指導する部分や内容を示すことで、トレーニーは計画の重要性を理解するだけでなく、「ちゃんと指導しようとしてくれている」ということを感じます。「計画のどの部分をやっているのか」「到達目標に対して現在どの程度の到達レベルなのか」「なにをクリアすれば次のテーマに移れるのか」などを、指導の区切り目に伝えるようにしましょう。

ちゃんと指導されているという実感があると、トレーニーの学ぶ意欲は高まっていくものです。

❽潜在意識にポジティブな状態をインプットしてしまう

最後に学ぶ意欲を持たせるとっておきの方法をお教えしましょう。

学ぶ意欲に関するキーワードやセンテンスを盛り込んだ短い文書を指導の際にトレーニーに書かせるのです。タイミング的には前述の①の前がいいでしょう。

そうすると、あら不思議、トレーニーは無意識のうちに自分が書いた内容に沿ってやろうとします。例えば、「トレーナーのやり方をじっくり観察して正確に覚えるようにする」という文書を書いた後に、トレーナーがやり方を見せると、トレーニーはジーッと観察してしっかり覚えようとするのです。

これは「人は無意識のうちに、自分が設定した自分のイメージに沿って行動しようとする」という行動科学上の特性を応用したものです。

＜キーワードやセンテンスの例＞

しっかり学ぶ、ミスをしない、質問する、積極的、真似る、よく考える、確認を怠らない、復習する、5回、自発的、メモを取る、メモを見る、集中する、意見を言う、ほめられるようにする、たくさん、いい仕事、叱られない　などある会社では、これらのことをカードに書いて袋の中に入れておき、トレーニーに毎朝2枚引かせ、そのカードに書かれている言葉をつかって50字程度の文章を書かせる、ということをやって効果を出しています。

ただし、仮に書いたことが実現できていなくてもそのことについてNGを出さないこと。逆に、実現できていたらそれをしっかりとほめること、これが効果を出すコツです。

◎年上トレーニーを指導するコツ

中途採用の場合や、他部署から異動してきたケース、学歴の関係などでトレーニーのほうが自分よりも年上ということもあります。場合によっては職位が自分より上ということもあるでしょう。

そういう場合でもトレーナーは指導をするのが役割ですから、妙に萎縮することはありません。また、自分が立場的に上であることを強調しすぎる必要もありません。基本的には新人と同じように教えればＯＫです。

ただし、やはり人生の先輩であったり、仕事の先輩であったりするので、トレーニーを敬う気持ちを忘れないようにしましょう。そこさえはずさなければ、意外とスムーズに指導が進むものです。具体的にはこんな感じで接するようにします。

・他の人の前で叱るなど、トレーニーの面目をつぶすようなことはしないようにします。

・比較的初歩のことを指導する場合は「すでに知っているかもしれませんが」「僕が改めて言うのもなんですが」などのクッション言葉を使って、相手の自尊心を傷つけないようにします。

・仕事以外のことで、トレーニーに教えてもらうことを作ったり、相談に乗ってもらったりします。例えば「おいしい肴の作り方を教えてもらう」「日本酒のうまい店に連れて行ってもらう」「人生相談をする」などです。トレーニーが「先生」になることができる関係をつくることで、トレーニーの中で気持ち的なバランスが取れて、あなたから学ぶ意欲が低下してしまうことを防げるのです。

・中途採用者の場合、前の会社のやり方のままでやろうとすることがありますが、それを指摘するときには

「なるほど、そういうやり方もあるんですね。勉強になります。でも当社ではこういう風にやるというのがルールになっているんです。ただ、あなたのやり方も一理あるので、何かのタイミングで改善提案を会社に出してみましょう」

というように、「否定もせず肯定もせず」&「やり方に従ってもらう」というようにします。

・言葉遣いも悩むところですね。でも、呼ぶときは「さん」づけ、会話は普通に年長の人に話す言葉遣いを基本としておけば無難です。

・年上のトレーニーへの指導が上手な人を見ていると、甘え上手な人が多いです。そういう人はこういうセリフをよく使っています。

「○○さんが、この操作ができるようになると、助かるんですよね〜」

「○○さんにだったらやってもらえるんじゃないかと思ってるんですが」

「○○さん、そんなに僕をいじめないでくださいよぉ〜」

・叱らなくてはいけないときは、こんなクッション言葉を使ってみましょう。

「僕のような若輩者が○○さんに意見するなんていうのはおこがましいのですが」

「○○さんのように経験豊富な方にこんなことを言うのは失礼だとは思うのですが」

「□□の件に付いて僕はこう考えているのですが、間違っていたら教えてください」

・ほめるときは、バカにしているように聞こえない程度に賞賛します。
「やっぱり経験豊富な人は違いますねえ〜」

「なるほどぉ、僕もとても勉強になりました！」

「僕が教えたよりうまくできてますよね、さすがだなぁ」

「後輩を指導する時の参考にしたいので、うまくできたコツを教えてもらえませんか？」

第7章

トレーニングマニュアルの作り方

◎これさえあれば誰でも楽にトレーナーになれる

マニュアルで大事なこととはどういうものか、ちょっと考えてみましょう。

・掲載されている内容が正しいこと
・何をすればよいかがわかりやすいこと
・物理的に使いやすいこと
・改定しやすいこと

など、いくつか思いつきますよね。ＯＪＴトレーナー用のマニュアルでは、このうちのどれが一番大事なのかというと「何をすればよいかがわかりやすいこと」です。なぜなら、トレーニングマニュアルは、トレーナーの教える負荷を軽減することが一番の目的だからです。もちろん内容的に正しいことも大事ですが、ＯＪＴは人間相手の仕事ですから、１００％の正解というのはありません。ですから、そこに注力するよりも「いかにトレーナーが楽に、効率よく、そして効果の高いＯＪＴができるか」というところを重視したほうがよいのです。

そのような前提で、この先の話を聞いていただければと思います。

❶トレーニングマニュアルの内容

トレーニングマニュアルは、指導テーマごとに「何をどうやって教えるか」をまとめたものです。機械の操作手順書や業務マニュアルとは異なります。

例えば、「お客様に提出する所定の書類Aを作成できるようにする」という指導テーマがあるとしましょう。その書類の書き方を、どういう手順で教えるか、ということです。

例えばこのような感じになります。

（1）実際に記入された書類Aをトレーニーに見せながら、この書類の意味やどういう場合にお客様に渡すのかを説明する。

（2）書類Aの各項目を説明すると共に、記入の際に必要な情報は何処に記載されているか、だれに聞けばよいか、を教える。（トレーニーにはメモを取らせる）

（3）説明が終わったら、トレーニーが書いたメモを確認し、間違っている部分があれば再度説明し訂正する（どこかしらが間違って当たり前なので1回目は叱らない）。

（4）トレーニーに不明点がないかを聞く。

（5）実例をベースにトレーナーがその場で書いてみせる。書きながら、トレーニーのメモと照らし合わせながら説明する。
（6）別の事例を使って、再度トレーナーが書く。ただし、記入そのものはトレーナーが行うが、何を書くべきかは、項目ごとにトレーニーに質問する。わかっていなければ、トレーニーのメモを見ながら再度説明する。これを3回繰り返す。
（7）さらに別の事例を使って、今度はすべてをトレーニーに書かせる。その際、トレーナーは基本的に書き終わるまで口出しはしない。ただし、書かせる前にトレーニーに「質問があれば、あれ？ と思ったときにすぐに聞くように。それ以外は黙ってみているから」と伝える。
（8）作成し終わったら、内容を点検する。間違っている部分は、トレーニーのメモを一緒に見ながら説明する。
（9）6～7を3回繰り返す。

必ずしもここに例示した手順である必要はありません。あなたが実際にトレーニーに指導した手順や使ったツール、合格判定の仕方などを整理して書いていただければよいのです。その際、指導記録ノートがとても役に立つはずです。そこに書いておいた内容を振り返れば、かなりラクにトレーニングマニュアルを作る事ができでしょう。

では、このような内容を、どうやってマニュアルにしていくか、次の項からご説明していきます。

◎マニュアルの5つの構成要素

❶トレーニングマニュアルの作成単位

トレーニングマニュアルは指導テーマごとに作成するとわかりやすくなるだけでなく、書類の管理、改定、配布などもしやすくなります。

作成単位の例としては

・提案書の作成方法を習得させるためのトレーニングマニュアル
・装置Kの操作方法を習得させるためのトレーニングマニュアル

・在庫管理の全業務を習得させるためのトレーニングマニュアル

というような具合です。

このようにしておけば、育成計画にも当てはめやすくなりますし、中途採用者を指導する際にも必要なものだけを組み合わせるということも行いやすくなります。

❷トレーニングマニュアルを構成するもの

トレーニングマニュアルは次の5つで構成されます。

(1) フロー

トレーニングマニュアルの骨格となるのがこの「フロー」です。フローは「どういう順番で指導していくか」がわかるものです。例えば

「Aの次にBを教えて、テストに合格したらCを教える」

というものです。文章ではなく、フローチャートで描くとわかりやすくなります。

（2）リファレンス

リファレンスは、フローにあるそれぞれの指導項目の具体的な内容を記述したものです。例えば、

「誰が指導するのがよいのか」「どのような資料を使うのか」「合格基準は何か」などを書きます。リファレンスはフォーマットを統一した上で、リファレンスごとに1枚のシートに収めると内容を整理しやすくなりますし、リファレンスの差換え、追加、削除、順番変更などが行いやすくなります。

（3）シート

トレーニーが理解しやすいようにさまざまな情報を整理したものです。例えば、

「製品の機能一覧」「書類別承認者一覧」「上代別粗利額対比表」などとなります。

（4）テスト

次の指導項目に移ってよいかや、その指導テーマを指導完了としてよいかどうかの判断

をするためのテストです。当該項目が十分に理解できているかどうかを確認するためのものので、人事的な評価のためではありません。

（5）カリキュラム

指導テーマに関連した社内で行う勉強会の講義内容や準備についてなどをまとめたものです。

❸トレーニングマニュアルに承認は必要か

教える手順についてはトレーナーであるあなたが一番よくわかっているし、あなたが考えたものがマニュアルそのものになるので、社内的な承認はなくても構わないでしょう。

ただし、教える内容について社内的なルールや基準が決まっているものもありますよね。

例えば、公共機関の仕事をする際の応札処理のルール、顧客から値引交渉をされた場合の決裁権限額、コンプライアンスに関連する事項などです。


このようにあなたの一存で決められないものや、書いてある内容についてあなたが責任を負える範囲ではないことを記載する場合は、必ず上司に内容を確認してもらってください。

また、承認の必要はないまでも、上司にもどう教えるのかということを理解しておいてもらったほうがよいので、上司には必ず内容を確認してもらいましょう。

マニュアルの表紙には上司の承認印を押す欄も作っておけば確実です。

【要素1】フローの作り方

フローがしっかりしていると、トレーナーが指導の順番を迷わないだけでなく、トレーニーも「この仕事はこうやって覚えていくんだ」ということがわかるので、理解も進みやすくなりますし、モチベーションも上がりやすくなります。

初めてのことを学ぶときというのは、トレーニーにとっては手探りで迷路を歩いているようなものです。その迷路の中を、目の前の壁ばかり見て進むよりも、いつでも全体を上から眺めること（俯瞰すること）ができるほうが、自分が今いる位置やつまずいている箇所もわかるし、出口までの道のりもわかるので、安心して指導を受けられるのです。

フローは文章で書くのではなく流れ図にします。OJTの流れがわかればよいので、たくさんの種類の図を使う必要はありません。最低限、次の4つで十分です。

・長方形：実施事項やインプット/アウトプット帳票などを記載
・ひし形：判断の内容を記載
・矢印　：次に何を行うか、何がアウトプットされるか、などを示す
・端子　：開始や終了の区切り

フローに記載するものたくさんありますが、主なものは以下の3つになります。

（1）実施事項（長方形）

実施事項とは、「業務の概要を教える」「実際に書類を作らせてみる」「習得評価テストを行う」というようなものです。

この実施事項には番号を振って、リファレンスを探しやすいようにしておきます（リファレンスはその番号ごとに作成します）。

フロー上に実施事項を記載する場合には、あまり細かく書きすぎないのがわかりやすく

するポイントです。細かい部分はリファレンスに記載することによって、指導の流れをわかりやすくするわけです。

実施項目を分類すると「やり方や知識をレクチャー的に教える」「トレーニーに実際にやらせる」「トレーニーと一緒にやる」という3つのカテゴリーとなります。もし、余裕があればフロー上の図の形や色を少し変えて、それを明確に分けておくとよいでしょう。どこまでレクチャーをしてどのタイミングでトレーニーにやらせてみるのか、そしてどの部分はトレーナーが一緒にやるべきなのか、ということがスッキリするので、指導が非常にスムーズになります。

（2）インプット／アウトプット帳票など（長方形）

基本的にはリファレンスに記載するものですが、流れをより理解しやすくするために書き加えてもOKです。例えば、「受注の処理を理解させる」という指導テーマのフローであれば、

・インプットとして「注文伝票」「在庫一覧画面」「取引先別仕切価格表」など、
・アウトプットとして「受注伝票」「請求書」「出荷指示書」など、

となります。

（3）判断の内容

次の実施事項や指導テーマに移るのに必要な習得レベルの判断を行うステップです。これも詳細はリファレンスに記載しますが、おおよそどのような判断をするのかがわかる程度を書いておきます。

例えば「確認テストに合格」「資料をミスなく終了」「操作手順を100％理解」などです。

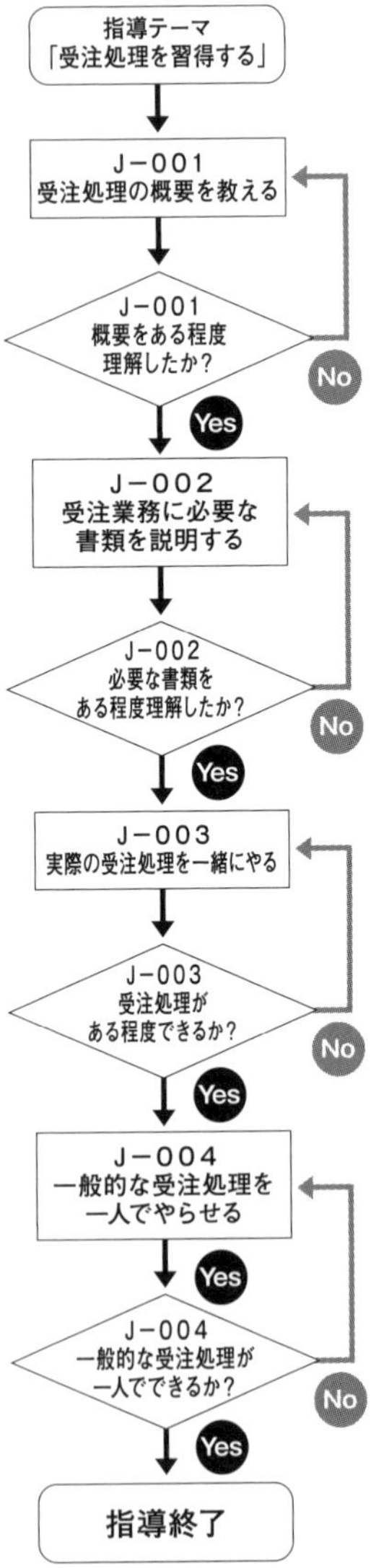

【要素2】リファレンスの作り方

リファレンスとは、フローに書かれた内容をより詳細に記載したもので「実施事項の辞典」的な役割を担うものです。例えば「Aを教える際には、資料Xのα項と資料Yのβ項を参照する」というように記載します。

つまり、「リファレンスを見ればその実施事項については間違いなく完了することができる」という内容にするわけです。ですから、リファレンスはかなり細かくかつ具体的に作る事になります。

【リファレンス番号】フローの四角やひし形に付番した番号です。

【実施概要】どのような指導を行うのかをざっくり書きます。

【免除者】トレーニーが中途採用者などの場合を想定して「こういう経験がある人はこの指導はやらなくてよい」ということを書きます。

【実施時期】どのタイミングで行うと一番効果が出やすいのかを書きます。

【前提条件】これを行うにあたって必要な資格や現場経験などを書きます。

【実施責任者】この指導を行う責任者です。通常は「トレーナー」ですが、他部署の人や上司などが行う場合は、「製造部工作班職長」というようにその人の部署や職位などを書きます（個人名で書くとその人が異動したような場合に誰に頼んだらよいかわからなくなってしまうので）。

【実施承認者】この指導を行うに当たって承認が必要な場合、承認者の部署や職位などを書きます。例えば客先現場での施工に同行させるような場合、「該当案件担当営業者」という具合です。

【参照する資料等】注文書、図面、操作マニュアル、作業手引書、トレーニングマニュアル用シートなど、指導や仕事に必要な資料を書きます。その際、資料名は必ず一意になる名称（例：「出庫伝票」だけではなく「事業所向け出庫伝票」というように）とします。できれば資料番号を振ったほうがよりわかりやすくなります。マニュアル以外の資料は参考となる実物（実際に中身が書かれているもの）を添付するようにします。

【作成する資料等】指導する仕事で作成される資料などを書きます。「参照する資料」と同様に一意になる名称で書き、実物を添付します。

【指導方法】　具体的な指導方法を、できるだけ詳細に書きます。
・受注処理の概要について、受注画面を見ながらひと通りの流れを説明する
・注文金額が１００万円以上の注文伝票を渡し、在庫数を確認させる
・受注残を確認させ、納期を確定する
・○○の作業から○○の作業までをトレーニーだけでやらせてみる
【標準指導回数・経験回数】　この指導を何回ぐらい行うとよいのか、また実際の仕事を何回ぐらい経験させるとよいのかを書きます。基本的には、この回数をクリアしてから効果測定（習得の判定）に移ることになります。
【効果測定時期】　「標準指導回数・経験回数をクリアした後」や、「実際にトレーニーがひとりでその仕事をやることが決まった1週間前」というように、どのタイミングで効果測定を行うとよいかを書きます。
【効果測定方法】　フローのひし形にあたる部分です。どのような方法でこの仕事を覚えたと判断するか、を書きます。例えばテスト（「○○テスト」というようにテストにも名前をつけます）、口頭での質問、ひとりですべてやらせてみる、などです。
【合格基準】　これもフローのひし形にあたる部分です。効果測定を行った結果、どのぐ

らいのレベルであれば合格とみなし、次の指導項目や指導テーマに移ってよいかを書きます。例えば「○○テストで90点以上。、ただし、設問1と3は必ず正解である事」「ひとりですべての準備が間違いなくできること」など、具体的に書いて明確に判断ができるようにします。

簡単と思われる作業でも後々の指導上、あるいは実際の業務上非常に大きな影響を与えることがしばしばありますので、「誤判定を招く要因」「判定に迷ったときにどうするか」なども記載しておきます。

【不合格時の措置】 合格レベルではなかった場合にどうするか、を書きます。基本的には「教えなおす」ということになりますが、例えば90点が合格ラインのテストでも89点だった場合と30点だった場合ではやりなおす内容が違ってくる場合などがあるので、そのような事まで書ければベターです。

【実施上の注意点】 指導をするうえでトレーナーが注意すべき事柄を書きます。例えば「○○の項目はミスしやすいのでしっかり指導する」「○○の工具で怪我をすることがあるのでトレーニーから目を離さない」「ひとりで作業させてみるときはその場にいないで終わったら声をかけてもらうようにする」などです。

［要素3］シートの作り方

シートはリファレンスの一種と考えることもできますが、リファレンスよりも単純化して一目でわかるようにしてあるということで、本書ではリファレンスとは別に考えます。

ＯＪＴにおいてシートを使う目的は、指導に関連するさまざまな事柄を整理して、

・トレーニーに理解しやすくする
・トレーニーが覚えやすくする
・トレーニーが後で見返しやすくする

ということです。

❶シートの種類

作成するシートの種類としては、次のようなものがあります

・情報を整理するシート（一覧表や関連図など）
・流れや手順を整理するシート（フローチャートや関連図など）

・スケジュールを整理するシート（ガントチャートや一覧表など）
もちろんこれ以外でも指導に効果的に使えるものがあれば、ドンドン作成します。形式もこだわる必要はありません。トレーナーが指導上使いやすければよいのです。

❷シートを作る方法

シートの作り方としては
①トレーナーが全部作って渡す
②トレーナーがサポートしながらトレーニーが作る
③トレーニーにひとりで作らせる
の3パターンがあります。基本的には①ですが、指導の一環として②③を行うこともよいでしょう。その場合、トレーニーの理解力や仕事の速さなどによって②にするか③にするかを決めるようにします。

❸シートの例

具体的にどういうものをシートにするか、その例を挙げてみましょう。

【商品一覧】：商品名、アイテムコード、単価、ロット、仕入先 など
【伝票一覧】：伝票名、払出元、払出先、標準作成日数、承認者 など
【工具の並べ方】：並べた写真、工具名、使用目的、使用頻度 など
【クロージングまでの手順表（ガントチャート）】：作業名、標準日数、マイルストーン、役割分担 など
【関連図】：顧客、自社、仕入先、外注先、監督省庁の関連 など

〔要素4〕テストの作り方

テストは、次の実施事項や指導テーマに移行してよいかどうかを判断する有効な判断ツールです。組織的な育成というスタンスから、どのトレーナーも同じテストを使い同じ合格基準を採用することが、効果的にOJTを進めることにつながるだけでなく、組織としてのノウハウとなるのです。

テストは簡易的なものから本格的なものまでさまざまあります。恐らく、本格的なもの

はすでに何らかのテスト（例えば資格制度に関連するようなもの）があると思いますので、ここではＯＪＴで使いやすい簡易的なテストの作り方についてご紹介します。

とはいっても、これらの複数の要素を使って組み立てれば本格的なテストを作ることも可能です。

❶設問数

適切な設問数は５〜20問程度です。あまり多いと、時間がかかりすぎて使いにくくなります。大きなテストよりも小テストをこまめに行うほうがＯＪＴ中に盛り込みやすいですし、どこまで理解しているのかを狭い範囲で判断できるので教えなおすのも容易になります。またトレーニーにしてみれば、ステップがたくさんあったほうが「できた感」を得やすいのでモチベーションも上がる、逆に言うと「だめだ、できない」というネガティブモードになりにくいのです。

❷難易度の調整方法

難易度の異なる設問を組み合わせることによって、テスト全体の難易度を調整することができます。「簡単すぎず、難しすぎず」です。

例えば10問のテストであれば、「難易度①が5問、②が3問、③が2問」というような配分がベストバランスです。簡単にしたい場合は①を増やす、難しくしたい場合は②③を増やす、というように調整します。

★難易度①（やさしい）：択一式選択方式（穴埋め、複数記述から選択）、「正しいもの」あるいは「誤っているもの」を1つ選びます。選択肢数は2～5ぐらい、選択肢が少ないほうが難易度が低くなります。

例）次の空欄に当てはまる語句をA～Dの中から選択せよ

装置αを起動するときは、はじめに［　　］を行う

選択肢：a材料面のエアブラシがけ、bアースの確認、c安全装置の解除

例）次の記述のうち、正しいものを1つ選べ。

a　装置αを起動するときには、はじめに安全装置を解除する。

b　装置αを停止するときには、表示パネルにxと表示されていることを確認する。

c　装置αの作動中に装置の前を離れる場合は、□□ボタンを押す。

★難易度②（やや難しい）：択二式選択方式。「正しいもの」または「誤っているもの」を2つ選ぶ出題形式です。

例）次の記述のうち、正しいものを2つ選べ。

a　装置αを起動するときには、はじめに安全装置を解除する。

b　装置αを停止するときには、表示パネルにxと表示されていることを確認する。

c　装置αの作動中に装置の前を離れる場合は、△△ボタンを押す。

★難易度③（難しい）：記述式（用語、数値、人物名、書類名など）、正答肢数回答（正しいものはいくつあるか）、論述です。自分で考えて書き込むので選択式より難易度が高くなります。

例）次の空欄を埋めよ

装置αを起動するときは、はじめに［　　　］を行う

例）装置αを起動する際の注意点のうち、重要と思われる順に3つ記述せよ。

補足：「資料やメモを見てよい」とすれば難易度は下がり、「何も見てはいけない」とす

れば難易度は上がります。

選択肢を作るときの注意点：選択肢には正解と誤りが混在することになるわけですが、誤りであっても「架空の語句」を混ぜることはいけません。なぜなら、その架空の語句を覚えてしまうことがあり、実務でのミスにつながる可能性があるからです。例えば、「郵便に関する監督省庁はどこか」という問題に対して、「郵便省」や「国務省」というのを選択肢に入れるのはＮＧということです。

❸解答と解説

各設問には解答だけでなく、簡単な解説をつけます。解説のポイントは「なぜそれが正解なのか」という根拠を明確にすることです。また、操作手引書などの参考文献がある場合はその文献名とページ数も書いておくことでトレーニーへの説得力が増すとともに、トレーニーも覚えやすくなります。

例）正解：a

装置αは安全確保のために安全装置が解除されていないとすべての操作が行えないようになっている（「装置α操作手引書」p8）

❹実施時間

ＯＪＴ中に行うということを考えれば、おおよそ問題を解くのに10分〜15分、解説に15分程度。合わせて30分ぐらいが実施しやすいでしょう。問題を解いている間はトレーナーは横にいるよりも、目の届く範囲ぐらいの距離で離れていたほうがトレーニーは落ち着いてテストに集中できます。

❺複数の設問の組み合わせる際の留意点

・他の設問にその設問の解答やヒントが書かれていないこと
・同じような設問が存在しないこと
・設問間で矛盾がないこと

あなたが指導の際に、口頭でテストしているものをこのような形にするだけで、立派なノウハウとなるのです。

【要素5】カリキュラムの作り方

ＯＪＴの一環として行うＯｆｆ-ＪＴ、例えば社内での技術勉強会、情報交換会、事例ワークショップなどのカリキュラムの骨組みの作り方です。

おそらくＯＪＴトレーナーが担当するのは、30分ぐらいのミニミニ講座から、長くても2時間ぐらいの講座が多いでしょう。それよりも時間が長いものは総務や人事などの部署に任せることにして、その場合トレーナーは情報提供や側面支援を行うという程度にします。

通常の業務終了後に行う場合は、トレーニーが疲れていて集中力があまりないので、長い時間は行わないようにしましょう。どうしても短時間では終わらないテーマの場合は、定期的に行うシリーズものにするとよいです。

◎マニュアルをブラッシュアップすることで人が育つ理由

トレーニングマニュアルは、最初から完璧なものを作ろうと思う必要はありません。実際に指導をしながら、より効果が出やすい方法、より使いやすい書き方にブラッシュアップしていけばよいのです。

また、あなたの次の代のトレーナーにブラッシュアップを引き継げば、組織のノウハウとしても定着しやすくなります。

＜ブラッシュアップのポイント＞

【フロー】：教える順番、こう教えたほうが分かりがいい、こう教えると同じことを繰り返す、テストのタイミング、効果的な指導者、承認の有無、など

【リファレンス】：参照すべき資料の追加・変更・削除、一実施事項で盛りだくさんすぎないか・少なすぎないか、顧客対応など実施時頻発する出来事&対応の記載、ツールの更新など

【シート】：必要な項目、不要な項目、レイアウト、シートそのものの追加・削除、項目

名の変更や補足 など
【テスト】：難しすぎてモチベーションが下がる・簡単すぎてつまらない、時間がかかりすぎる・早く終わりすぎる、状況設定が明確化 など
【カリキュラム】：時間配分、講師、受講者、会場レイアウト、準備物、配布物、時間帯、頻度 など

また、トレーニングマニュアルのブラッシュアップは、時にトレーニーを交えて検討することもトレーニーへの指導の一環として使えます。そのときは、「どうやったらわかりやすい？」というよりも「あなたが後輩を指導するとしたら、どうやるとわかりやすくなると思う？」というようにしてトレーニーに考えさせます。

そういう会話の中で、トレーニーが正しく理解しているかを把握できるだけでなく、トレーニーが誤って理解していることについて適宜指摘し修正できるというわけです。

このようにブラッシュアップを重ねていけば、トレーニーがより早く成長できるようになるだけでなく、ブラッシュアップに関わった人たちすべての能力アップにもつながるのです。

◎ロープレの正しいやり方

お客様とのやり取りなどを指導するために、役割やシーンを設定して練習をするロールプレイング演習（役割模擬行動演習、以下ロープレ）は、ＯＪＴだけでなく、一般的な社内教育でもとても効果的な方法です。その正しいやり方を知っておくことは、ＯＪＴトレーナーとして必要不可欠なことともいえます。

ロープレは、ただ単に「お客様役」「スタッフ役」というように役割を決めて「さぁやってみよう」というやり方ではあまり効果はありません。下手をすると効果が無いばかりかトレーニーのモチベーションを下げてしまったり、間違った対応が身についたりしてしまうことさえあります。

説明しやすくするために、ここでは、「物販店での販売員教育におけるロープレ演習」という設定で演習が効果的になるための基本的なポイントをお話しします。

❶ロープレ演習の基本は3人1組、1演習30分が目安

ロープレ演習を実施する際のメンバーとしては、お客様役、販売員役、チェック係の３人が基本です。トレーニーは販売員役、お客様役はそのトレーニーの同期か少し先輩の社員、トレーナーがチェック係を行います。ただし状況によってはお客様役をトレーナーが行うこともＯＫです。また、人数が足らなければトレーナーがお客様役兼チェック係となり販売員役（トレーニー）と二人での演習でもかまいません。

用意する備品としては、演習中や振り返りのときに使うホワイトボードは必ず欲しいところです。無ければメモが書けるテーブルがあるだけでもよいです。また、可能であればスマホやビデオカメラなど、音声や映像で記録できる機器を用意するとより効果的な振り返りを行うことができます。三脚や大型モニターなどがあればよりベターです。

ロープレ演習全体としては、１回の演習でだいたい30分ぐらいの時間を使うこととなります。トレーナーは３人が揃って演習を行う時間を作れるようにスケジュールを調整しておきます。

❷演習で学んで欲しいポイントを明確にする：5分

1回の演習であれもこれも、と盛り込まないようにします。1～3項目ぐらいが適当です。例えば「挨拶をしっかりすること」「お会計を間違えないこと」「商品の渡し方がきちんとできること」などです。接客マニュアルなど、現在店舗で使っている資料をもとにして販売員役に今回の演習で学んで欲しいポイントを伝えます。

資料をもとにしたロープレ用のチェックシートも作成しておくとよいでしょう。そうすれば、振り返りのときも活用できますし、「1回目の演習は項番1と3と9」「2回目の演習では2と5と13」というように演習で学ぶべき項目が明確になります。また、どれだけできるようになったかをトレーナーとトレーニーが一緒に確認できるようになり、トレーニーのモチベーションアップにもつながります。

❸相手役の役作りをする：5分

お客様役になってくれる人に「アドリブで適当によろしく」と伝えるだけでは効果的な演習とはなりません。トレーナーは「今回の演習のポイントはこれ」ということをお客様役にもしっかり説明します。また、具体的に「こういうことを言ってみて欲しい」「こういう行動をとって欲しい」ということを伝えることも重要です。また、どういう客を演じて欲しいのか、例えば話の長い客、商品にやたら詳しい客、電車に乗る時間が迫っている客、などを伝えます。

役作りは、販売員役（トレーニー）の接客力などを考慮してトレーナーが事前に考えておきます。また、５～10分程度で演習が収まるように会話のおおよその時間配分も指示しておくとよいでしょう。

役作りの打合せをしている間、販売員役（トレーニー）にはトレーナーとお客様役の会話が聞こえないように、少しはなれたところで接客マニュアルや商品カタログなどを読ませておきます。

お客様役の人に「照れないでできるだけリアルに演じて欲しい」と伝える事もお忘れなく。リアルであればあるほど、ロープレの効果が高まるのです。

❹ロープレの実施：５～10分

ロープレを行う場所は、実際の店内がベストですが、営業時間や備品の関係などでそうもいかない場合もあります。そういう場合は、できるだけ店内に似た感じに部屋のレイアウトを調整します。

販売員役（トレーニー）とお客様役は演習の設定にあわせたポジションを取ります。例えば「商品を陳列している最中にお客様が近づいてきて声をかけられた」という設定であれば、販売員役（トレーニー）は陳列をしている動きをしながら、またお客様役は少し離れたところでスタートを待ちます。その際、お客様役からホワイトボードが見えやすい位置になるようにポジションを調整します。

演習はトレーナーの合図でスタートします。トレーナーは、演習中、お客様役に対して残り時間や演技上のリクエストなどをホワイトボードに大きく書きます。途中で販売員役（トレーニー）の問題点が見えたりしても、演習がひと通り終わるまでトレーナーは声をかけないようにします。

❺振り返り：10分

演習が終わったらトレーナー、トレーニー、お客様役の3人で振り返りを行います。その際、トレーナーがチェックシートを使いよかった点と改善すべき点を具体的にトレー

ニーに伝えることが重要です。演習中の映像や音声などを再生することができれば、より具体的に説明することができます

お客様役からは、お客様としてどう感じたかを話してもらいます。例えば、「何をして欲しかったか、して欲しくなかった事はなにか、うれしく感じた事やちょっといいなと思った事は何か」などです。あくまで「客として」というところがミソです。

ひと通り振り返りが終わったら、チェックシート上での合格項目と再トライ項目を明確にし、終了します。チェックシートはトレーニーにも渡したほうがよいでしょう。

ここでは、トレーニーを販売員役としたケースをご紹介しましたが、また「お客様役を演じる」ということもお客様の行動や心理を学ぶということにつながるので、それを目的としてトレーニーにお客様役をやらせるというスタイルもあります。

あとがき

最後までお読みいただき、ありがとうございました！　さぞ疲れたことでしょう。ほんとに、よく読み切ってくださいました。

最後に、僕が講師として教えてきたトレーナーたちの声をご紹介したいと思います。

これは、数ヶ月間のＯＪＴ研修（実際のＯＪＴと並行して数ヶ月間行うスタイル）の最後の日に「ＯＪＴトレーナーの心得って、何だと思う？」という質問をするのですが、その時の回答をピックアップしたものです。どの人も、研修が始まった時にはトレーナーとしてはヨチヨチ歩き状態でした。それが最後には、スラスラとトレーニングできるようになっているんです。毎回の事ながら、僕自身も驚きます。

「先生に教わったＯＪＴのやり方って、今までよりムチャクチャ大変だけど、今までよりゼンゼン充実感がありますよ！」

「これまで何回かトレーナーをやったことがありますが、今まで、結局自分はちゃんと教えてあげていなかったんだなと思いました。だって、ちゃんと教えるとトレーニーがみるみる変わるんですから。自分でもビックリですよ」

「トレーニーがスクスク育つのって、ほんとに嬉しいですよねぇ。ＯＪＴは仕事が増えるからやだなぁと思っていたのですが、人を育てるということがこんなに楽しいことだとは思ってもいませんでした」

ある会社でトレーナーの上司の方が僕にこんなことを話してくれました。

「彼（トレーナー）はトレーナーになってから人が変わりました。こんなにまじめに仕事に取り組むヤツだとは思いませんでした。そして、実はこんなに後輩思いなんだということにも驚かされました。ＯＪＴってのは、スゴイですね」

また、こんなことを言ってくれた社長さんもいました。

「ＯＪＴというのは、カネも手間もかけずに育てる方法だと思っていました。でも、それは間違っていたことに気づかされました。手間をかければかけるだけいい人材がたくさん育つ、会社もよくなる。今回本当によくわかりました。いままで、どれだけ無駄なＯＪＴをやっていたのかと思うと、もったいなくて仕方がありません」

ＯＪＴのお手伝いをさせていただくと、たくさん感謝をしていただいてそれはとてもうれしいし、ありがたいこと、こういう仕事ができて幸せだなと思います。でも、僕はやり方をお話ししたり、トレーナーの相談にのったりするだけで、実際に素晴らしい成果を出しているのはトレーナー自身であったりサポートしてくださっている上司の方だったりするわけです。ですから、本当に素晴らしいのは現場でがんばっているあなたなのです。できることならこの本を読んでくださったすべてのトレーナーに「ありがとう！　がんばってね！」と言って握手をしたいぐらいです。

もし、どこかでお会いすることがあれば、ぜひ飲みにいきましょう！　1度に3人までならおごりますよ（笑）　そんな機会が来るのを楽しみにしています。

＜謝辞＞

本書を出版するに当たって、多くの方のご支援をいただきました。僕の稚拙な文章を見事にわかりやすくしてくださった高橋フミアキ事務所の高橋先生、「悩んだら何でも相談してね」という言葉がとても心強かったです。本書の企画をサラッと通して、あれよあれよと言う間に出版を実現させてくださったカナリアコミュニケーションズの佐々木紀行社長、素晴らしいチャンスをいただけたことをとても感謝しています。長年の友人であるブレインワークスの堀見雄二さん、出版のキッカケを作ってくれてありがとう、これからもヨロシクね！

そして、僕のキツイ指導にめげずにＯＪＴに取り組んで、悪戦苦闘しつつも素晴らしい結果を山盛りにして見せてくれた何百人ものトレーナーの皆さん、本当にありがとうございました。皆さんの存在が僕の心の支えです、これからもずっと。

株式会社ステージアップ
黒須靖史

■ 育成計画

トレーナー氏名　○○○○
トレーニー氏名　○○○○

○年○月				OJT 第○週 （ 月 日～ 月 日）	OJT 第○週 （ 月 日～ 月 日）	OJT 第○週 （ 月 日～ 月 日）	OJT 第○週 （ 月 日～ 月 日）
イベント							
仕事面	指導テーマ1	予定	到達目標				
			指導の概要				
		実績	目標到達率				
			未達の要因				
	指導テーマ2	予定	到達目標				
			指導の概要				
		実績	目標到達率				
			未達の要因				
ヒューマンスキル面	指導テーマ3	予定	到達目標				
			指導の概要				
		実績	目標到達率				
			未達の要因				
	指導テーマ4	予定	到達目標				
			指導の概要				
		実績	目標到達率				
			未達の要因				

■ リファレンスの例

【リファレンス番号】	J－003
【実施概要】	実際の受注処理を一緒にやる（一般的な受注）
【免除者】	なし（受注業務経験者の中途採用者でも必ず実施）
【実施時期】	配属決定後2週目から4週目の間
【前提条件】	主要20商品を覚えていること
【実施責任者】	トレーナー
【実施承認者】	営業部第1営業課 課長
【参照する資料等】	主要商品の注文書、商品名＝コード対比表、主要商品特徴一覧シート、 得意先一覧、受注画面操作手引書
【作成する資料等】	注文請書、出荷指示書、売上伝票
【標準指導回数・経験回数】	主要20商品を少なくとも各1回以上
【指導方法】	1） 受注処理の一連の流れを説明させる（初回のみ） 2） 注文書を見て、受注に必要な情報がすべて記載されているか確認させる 3） 受注を受け付けてよい条件が整っているか確認させる 4） 仮受注入力をさせてみる。その際、1項目ごとにトレーナーが確認する 5） 本受注をしてよい条件が整っているか確認させる 6） 本受注をさせる 7） 注文請書、出荷指示書、売上伝票を発行させる 8） 注文請書、出荷指示書、売上伝票の記載内容を確認させる 9） 注文請書、出荷指示書、売上伝票を所定の場所に保管させる 10） 補足的な事項を説明する
【効果測定時期】	主要20商品を少なくとも各1回以上経験後
【効果測定方法】	一人で主要20商品のうち、10商品の受注処理を行わせる
【合格基準】	ミスが3箇所以内であること。但し、商品Aと商品Dの受注はミスがないこと。
【不合格時の措置】	間違った受注について、その理由をレポートにして提出させる（当日中） もう一度、主要20商品の受注処理ををすべて指導しなおす
【実施上の注意点】	以下のことは間違えると大問題になるので特に注意する ・商品、数量、金額、納期、納品場所 在庫切れの商品の注文も必ずピックアップし、その場合の処理も教える ・仮受注と本受注の違いを、売上や在庫の動きを見せながら説明する ・月末などの繁忙期には指導は行わないようにする

黒須 靖史（くろすやすふみ）

株式会社ステージアップ代表取締役、
組織活性化コンサルタント、中小企業診断士

「よりよい未来への貢献」を経営理念に掲げ、理論だけではなく関与先にどっぷり漬かった現場主義のコンサルティングを展開中。「企業は様々な面で人間が成長する場。素晴らしい人財がたくさん育てば、社会はもっとよくなる」という想いを持って人材育成の支援に携わる。

中小企業大学校講師、中央職業能力開発協会ビジネスキャリア検定委員、ライフパラダイムシフト研究所代表、ミラサポ登録専門家、等
コンサルティング先のべ100社以上、講演・執筆等実績多数

■ 著書
「コーチングもどきでOK！　社内コーチング導入マニュアル」
（共著）同友館 他

■連絡先
info@stageup.co.jp

なぜこのメソッドが未熟な社員を短期間で名プレーヤーに変えられたのか？

2015年5月25日〔初版第1刷発行〕

著　者　黒須　靖史
発　行　佐々木　紀行
販　売　株式会社カナリアコミュニケーションズ
〒141-0031　東京都品川区西五反田6-2-7
ウエストサイド五反田ビル3F
Tel.03-5436-9701　Fax.03-3491-9699
http://www.canaria-book.com

印刷所　石川特殊特急製本株式会社
装　丁　福田　啓子

978-4-7782-0301-6 C0034

カナリアコミュニケーションズの書籍ご案内

自分探しで失敗する人、自分磨きで成功する人。

青木　忠史　著

転職40回、倒産寸前の会社を見事復活…。

挫折と苦難を乗り越えた異色のコンサルタントが人生成功のための『自分磨き』を伝授!

人生は20代にどのように考えて生きるかによって決まる。その岐路となる時期に、自分自身と向かい合い、有意義な人生、成功を実現する『自分磨き』を伝授!

2015年1月20日発刊
価格　1400円（税別）
ISBN978-4-7782-0287-3

イメージコンサルタントとしての歩み

誰も上手くいかないと思った起業を成功させたわけ

谷澤　史子　著

不可能を可能に変える成功法。誰もが失敗すると思ったイメージコンサルタントとしての起業。

苦難のスタートから個人や企業のブランディング分野で人気を集めるようになるまでの道のりを著者が赤裸々に語る。

夢は叶うのではなく、夢に適う（ふさわしい）人間になった時に実現するもの。

そのための自分磨きとは。イメージコンサルタントで会社を経営することは不可能といわれた時代、それでも起業に踏みきり、苦難のスタートから成功するまでの著者の体験談とその手法を赤裸々に語る。

2015年3月15日発刊
価格　1300円（税別）
ISBN978-4-7782-0296-5